中国少数民族人口丛书

塔吉克族

翟振武 主编

西仁・库尔班/著

中国人口出版社
China Population Publishing House
全国百佳出版单位

图书在版编目（CIP）数据

塔吉克族/西仁·库尔班著．—北京：中国人口出版社，2013.11（2022.7重印）
（中国少数民族人口丛书）
ISBN 978-7-5101-1943-9

Ⅰ.①塔… Ⅱ.①西… Ⅲ.①塔吉克族—民族文化—中国 Ⅳ.①K284.1

中国版本图书馆 CIP 数据核字（2013）第 197197 号

中国少数民族人口丛书　塔吉克族

ZHONGGUO SHAOSHU MINZU RENKOU CONGSHU　TAJIKEZU

翟振武　主编　　西仁·库尔班　著

责任编辑　魏小玲
美术编辑　刘海刚
责任印制　林　鑫　王艳如
出版发行　中国人口出版社
印　　刷　北京兴星伟业印刷有限公司
开　　本　710 毫米 ×1000 毫米　1/16
印　　张　10.5　插 1
字　　数　142 千字
版　　次　2013 年 11 月第 1 版
印　　次　2022 年 7 月第 2 次印刷
书　　号　ISBN 978-7-5101-1943-9
定　　价　42.00 元

网　　址　www.rkcbs.com.cn
电子信箱　rkcbs@126.com
总编室电话　(010) 83519392
发行部电话　(010) 83510481
传　　真　(010) 83538190
地　　址　北京市西城区广安门南街 80 号中加大厦
邮　　编　100054

序

如果把一个民族比作一颗星星，那我们就是生活在一个繁星满天的世界。当今世界上有约 3000 个民族，分布在 200 多个国家和地区，绝大多数国家由多个民族组成。中国也是同样，是由各族人民共同缔造的统一的多民族国家。在漫漫的历史长河中，生活在中华大地上的各族人民密切往来、交流融合、团结奋斗、休戚与共，形成了一个伟大的强盛的中华民族大家庭，共同开发了祖国的美好河山，共同推动了国家的发展和社会的进步。

在中华民族的大家庭中，有 56 个成员，其中有 55 个是少数民族。新中国成立以来，少数民族人口一直持续增长。1953 年第一次全国人口普查时，少数民族人口总数为 3532 万人，占全国总人口的 6.1%。2010 年进行第六次全国人口普查时，少数民族人口总量达到了 1.14 亿，几乎是 1953 年的 3 倍，占到了全国 13.4 亿人口的 8.5%。各少数民族人口数量相差较大，如壮族有 1693 万人，回族 1059 万人，满族 1039 万人，维吾尔族 1007 万人，而赫哲族只有 5354 人，塔塔尔族 3556 人，独龙族 6930 人。中国各民族的人口分布呈现大散居、小聚居、交错杂居的特点。汉族地区有少数民族聚居，少数民族地区也有汉族居住；许多少数民族既有一块或几块聚居区，又散居全国各地。中国少数民族聚居区大都地广人稀，资源富集。少数民族地区的草原面积，森林和水力资源蕴藏量，以及天然气等基础储量，均超过或接近全国的一半。全国 2.2 万多公里陆地边界线中的 1.9 万公里在民族地区。全国的国家级自然保护区面积中民族地区占到 85％以上，是国家的重要生态屏障。中国各民族的起源和经济、社会、文化的发展有着本土性、多元性、多样性的特点，五彩缤纷，丰富多彩。

要全面认识中华民族，就要从认识每一个民族开始。正是从这个理念出发，我们编写了这套《中国少数民族人口》大型系列丛书，力图从历史、文化、经济、社会等各个方面，用准确、科学、生动的语言，全方位描述和展现各少数民族灿烂辉煌的历史和现状，编织出一幅绚丽多彩的中华民族大家庭的“全家福”。

编写这样一套大型系列丛书，难度非同一般。几经论证和深入研讨，最终形成了编写大纲，这套丛书各个分卷的作者绝大多数由少数民族作家担任，他们不仅熟悉自己民族的历史和文化，而且对本民族有深厚的感情。在国家新闻出版总署、国家人口计生委和中国人口出版社的大力支持下，作者们历经数年，几易其稿，终成此书。值此丛书出版之际，我们衷心地祈愿这幅“全家福”能为民族的交流和团结，为中国的文化建设，为整个中华民族的繁荣昌盛，作出一份微薄的贡献。

翟振武

2012 年 5 月于北京

PREFACE

Every nationality sparkles like a star in the firmament. Now we have about 3000 stars distributed across the world in more than 200 countries, most of which are multinational. So is China, which consists of a number of nationalities. For centuries, all the nationalities have lived together, worked together and fought together, making China a prosperous unified multinational country.

Of all the 56 nationalities in China, 55 are minorities whose population has been increasing since the founding of The People's Republic of China. According to the first census in 1953, the minority population was about 35.32 million, accounting for 6.1 percent of China's total population. By 2010, the number had almost tripled. According to the sixth census, the population of the minorities amounted to 114 million, making up 8.5 percent of the 1.34 billion people in China. The population size of minority groups varies a lot. Some of them have a large population, for example, the Zhuang Nationality has a population of 16.93 million; the Hui has 10.59 million people and the Manchu consists of 10.39 million people. Some of the minorities are quite small, such as the Hezhe, the Tatar and the Drung nationalities, which have populations of 5354, 3556 and 6930, respectively. China's nationalities live together over vast areas with some living in individual, concentrated communities in small areas.

Some minorities' concentrated communities are scattered among the Hans, and some Han people also live in the minority communities. Some minorities may have one or more concentrated communities, while their people spread all over the country. Most minorities' concentrated communities have their people sparsely distributed in large areas with abundant resources. The grassland, forest, water and natural gas reserves in areas inhabited by minority people account for about half of China's total. Further, 19 000 kilometers of the nation's 22 000-kilometer land boundary are in minorities' communities. In addition, 85 percent of the country's state-level natural reserves are in the minority areas, making the people important guardians of China's ecology. Each of the nationalities' origin is unique, and their development of economy, society and culture is full of variety.

Only by learning every aspect of the minorities' lifestyle can we have a comprehensive understanding of the Chinese nation. Under this notion, we write this series of books on the Population of China's Minorities to provide a detailed picture of our Chinese nation, with the glorious past and prosperous present of the country's minorities.

It is through trials and tribulations that we write this spectacular series of books. Most of the authors, who have profound knowledge of the minorities and wrote the books with their strong emotions, are members of minority groups. With the great support of the National Publication Foundation, the National Population and Family Planning Commission and China Population Publishing House, the authors completed the books after years of unremitting endeavor.

On the publication of this series of books, we are looking forward to seeing these books contribute to the unity of the Chinese nation and help our country flourish in the future.

Zhenwu Zhai
Beijing
May 2012

目录

Contents

综　述

“塔吉克”是本民族的族称。据塔吉克民间传说“塔吉克”是“王冠”之意，从人种来说，塔吉克具有欧罗巴人种印度地中海类型，是典型的白种人。

我国塔吉克族的语言属印欧语系伊朗语族东伊朗语支。我国塔吉克语包括“色勒库尔语”、“瓦罕语”。

我国塔吉克主要聚居在新疆喀什地区塔什库尔干塔吉克自治县，该县位于帕米尔高原的东部，昆仑山的北麓，塔里木盆地的西缘，新疆维吾尔自治区的南部，喀什地区的西南角。塔什库尔干塔吉克自治县总面积为 25 000 平方公里。

塔什库尔干塔吉克自治县是一个山区县，境内地形地貌结构十分复杂，这里群峰环绕、高耸入云，到处是险峻的沟壑山谷和耀眼的冰峰雪岭。东南方有海拔 8611 米的世界第二高峰乔戈里峰昂首挺立，北面有素有“万山之祖”美称的慕士塔格峰（海拔 7546 米）遥遥相望，塔吉克族民间关于这两座山峰流传着优美而神秘的传说。旅游景点有中国三大石头城之一的塔什库尔干石头城堡（国家级文物保护单位），新石器时代的文化遗址——香宝宝墓，高原建筑——公主堡，丝绸之路上的拱巴孜——吉日尕勒古驿站等。

塔吉克族是中华民族大家庭 56 个成员之一，它有着自己悠久的历史、灿烂的文化和光荣的革命传统。1983 年 8 月，有关单位在对塔什库尔干塔吉克自治县吉日尕勒文化遗址进行的科学考察中发现原始人打制的石器、烧火堆残迹、烧损的骨头。这一旧石器时代的遗址不会晚于更新世，至少有一万年。[①] 这一旧石器时代文化遗址的发现，证明了一万年以前塔什库尔干地区就有人类在进行社会活动。

2～3 世纪，生活在帕米尔高原的塔吉克族先民们建立了朅盘陀国。朅盘陀地处中亚、西亚、印度丝绸之路的孔道关隘，对东西方的经济和文化交流起着桥梁作用。僧人法显、宋云、玄奘等均到过朅盘陀。朅盘陀国继承并发展了汉代葱岭各部同中原地区的密切关系。

宋元时期，塔什库尔干地区很少被提及，除记载它属于于阗外，再无其他任何文字材料。但是，这一时期是塔吉克人历史上发生巨变的时期。由于阿拉伯人的征服，塔吉克人接受了伊斯兰教。

蒙古人征服中亚之后，即元朝时，塔什库尔干连同中亚大片土地一起归属于察合台汗国。明朝时期，塔什库尔干地区又属于叶尔羌赛伊迪亚汗国。赛伊迪亚汗国一直向塔什库尔干派驻阿奇木伯克。

1759 年，清朝政府平定了大小和卓之乱，完成了重新统一新疆的伟大事业。1762 年（清乾隆二十七年）清朝设立伊犁将军，管理天山南北。[②] 当时塔什库尔干的穆喇特阿奇木伯克将所有户口田亩呈报清政府备案。从这时起，清政府正式将塔什库尔干的塔吉克族聚居区划为叶尔羌的一个庄——色勒库尔回庄。

19 世纪中期，浩罕汗国侵犯塔什库尔干地区。在抗击浩罕汗国入侵的斗争中，塔吉克人民中出现了著名的民族英雄库尔察克。

1865 年，浩罕军官阿古柏入侵新疆，建立了侵略政权哲德沙尔

---

① 西仁·库尔班，马达力汗·包仑，米尔扎依·杜斯买买提编．中国塔吉克史料汇编．新疆大学出版社，2003：161.

② 新疆维吾尔自治区教育委员会高校历史教材编写组编．新疆地方史．新疆大学出版社，1992：332.

（七城）汗国。阿古柏派爪牙阿山夏“镇抚”色勒库尔，对塔吉克人民进行严密防范和残酷镇压。

中华人民共和国成立之后，1950 年 3 月成立了塔什库尔干县人民政府。

1954 年实行民族区域自治，成立了塔什库尔干塔吉克自治县，塔吉克人民同我国各民族一道翻身做主，沿着社会主义道路，奔向共同繁荣的康庄大道。

长期生活在帕米尔高原的塔吉克族，衣、食、起居、家庭和其他生活习惯都有高山环境的特色。

塔吉克族服饰具有鲜明的民族特色。塔吉克族的服装以棉衣和夹衣为主，没有明显的四季更替服装，这与帕米尔地区高寒的气候条件有关。妇女的服装较为讲究，尤其是年轻妇女。

男子一般戴吐马克帽，此帽为黑绒圆高筒帽，帽上绣有数道花边，帽里用优质黑羔羊皮缝制，帽的下沿卷起，露出一圈皮毛。妇女平时穿连衣裙，并穿长裤，夏季在裙外加一背心，冬天外罩棉袷袢。老年妇女一般穿蓝、绿花色的连衣裙，年轻妇女和姑娘则穿红、黄花色的连衣裙。

一个民族的服饰，是区别于其他民族的重要标志，富有特色的服饰，是民族个性的体现。塔吉克族的服饰显得别具一格，尤其是妇女的服饰。“库勒塔”帽是塔吉克妇女区别其于他民族妇女的重要特征和标志。在塔吉克族妇女中，几乎人人都有一顶或几顶这种带耳围而又厚实的圆顶帽，帽子顶部和四周以白布做底，上面绣满了塔吉克族妇女喜爱的图案，色彩艳丽夺目；塔吉克族男性服装多为黑色、蓝色和白色。除此之外，塔吉克人的手工艺品也引人注目。

塔吉克族饮食的内容和制作方法反映了他们的经济状况、生活需要和民族特点。牧区的饮食以奶制品、面食和肉食为主，农业区则以面食为主，奶制品和肉食为辅。每日早、中、晚三餐。饮食的质量视各家的经济情况而有所不同。一般为早餐吃馕、喝奶茶，午餐吃面条或乌麻什（用面粉、玉米面或青稞面做的糊糊），晚饭吃得较好，多以肉食品为主。

由于信仰伊斯兰教，在肉食方面塔吉克族吃绵羊、山羊、牛、骆驼、野羊及鱼，因为塔吉克族信奉的是伊斯兰教伊斯玛仪派，所以忌食马肉，忌饮马奶。在家禽和飞禽中吃鸡、鸭、鹅、雪鸡和鸽子等，忌食乌鸦和猛禽。

塔吉克人房屋一般为土木结构的正方形平顶屋，塔吉克人称这种房屋为“蓝盖力”。传说，这种“蓝盖力”房屋是塔吉克族大诗人和伊斯玛仪派哲学家纳塞尔·霍斯鲁设计的，这种房屋比较宽大，没窗户，但屋顶中央开有天窗。屋子里分为三个部分：中间为脚地，房门向阳，靠左墙角。

“蓝盖力”屋顶用作晒台，中间稍高，四边稍低，以便雨水下流。塔吉克人的一切红白喜事都在蓝盖力屋里举办。经济情况宽裕、人口多的人家，还另有客房和卧室。还围绕蓝盖力屋修建走廊、宽大的屋檐（形同凉棚）等附属建筑。蓝盖力屋周围是牲畜棚圈和草房，另有院墙，房院周围种有树木。

家长制的大家庭是过去塔吉克族社会的组成细胞。塔吉克族旧时一般为一夫一妻制的大家庭，保持严格的家长制。

传统的塔吉克家庭注重对子女的教育，一般子由父教，女由母教。教子的内容为：忠厚老实、尊敬长辈、勤劳俭朴，学好农牧业生产本领，学习文化，不调戏妇女；教女的内容为：学会挤奶、照料幼畜、会做家务、缝纫刺绣，出嫁后尊敬公婆、尊重丈夫。

塔吉克民族人口虽然少，但民族的凝聚力非常强，所有的塔吉克人之间注重团结和友爱，相互帮助。每个家庭的成员相亲相爱，非常和睦。在生产和生活上，都是相互协作，彼此信赖。

塔吉克族的见面礼别具一格，饶有风趣。男子平辈相见时互相握手，然后俯身互吻握着的手背，或互相拥抱；不同辈之间长辈吻幼辈之额，幼辈吻长辈手心。女子相见时，长辈吻幼辈的眼睛或前额，幼辈吻长辈的手心；平辈互吻面颊，近亲之间则吻唇。男女相见，一般行握手礼；如男子是亲近的年老长辈，则女子吻其手心。近亲久别重逢时有许多问候语并互相拥抱。

吻手礼是塔吉克族见面礼仪之一。两人相见时握手，然后俯身互吻握着的手背。孩子们每天早上要对父母行吻手礼。男女见面时，女的要吻男的手心，男的则要用手轻轻地按一下女的头部，以示敬意。

男孩的割礼与女孩的剪发礼是塔吉克人比较重视的习俗。

在塔吉克人的眼里，面粉是幸福的象征。在以下情况下，塔吉克族人撒面粉表示祝福：塔吉克族的传统节日——“肖公巴哈尔节”（迎春节）前夕，家家户户将所有用具搬到室外，彻底清扫住房，然后用面粉在室内墙壁上整齐地画个Y形图案。据说，这是迎接新春，迎接幸福的象征，所以家家都画。村中男女老幼互相拜节的时候，每到一家，这家主妇即在来客肩上撒一点面粉，以祝吉祥。面粉在这种场合被认为是幸福的象征。

结婚的头一天，男女双方各在自己家里准备菜肴，亲戚前来贺喜，他们带来的礼品一般是4个馕，在馕上放有衣服、生活用品或首饰，最亲近的亲戚则送羊。母亲或长嫂往礼品上撒面粉，以祝吉祥，新郎到女方家门口，女方隆重欢迎。由新娘的两位女伴敬上加酥油的牛奶，新郎在马上饮毕，下马。女方的长者给新郎和证婚人等人肩上撒面粉表示祝贺。举行结婚仪式时，新郎新娘互换系有红白绸布条的戒指。接着女方家人向来客肩上撒少许面粉，表示祝贺。

塔吉克族在孩子出生后，有许多有趣的习俗，每种习俗都有一定的讲究。婴儿生下后，如果是男孩，全家人要隆重庆祝，并要由老人在家里朝天窗鸣枪，以示庆祝，希望孩子长大后像男子汉那样勇敢坚强，并祝福他以后幸福。

孩子生下后，无论是男女，第一天都不喂奶，在喂奶之前，要举行一种“瓦合陶吾达得”的仪式，也称“开嘴仪式”。这种仪式一般在第二天举行，如果是清晨生的，在晚上星星出来后也可举行“开嘴仪式”。主持仪式的人是家庭中的长者，他要用鹰或鸽子的羽毛在木制的喂奶器里，蘸上放入的开水或是牛奶。在开水或牛奶里放有冰糖、鹰胆，意思是希望孩子长大勇敢和时来运转。羽毛蘸满开水和牛奶后，要在婴儿嘴上来回涂抹几次。这样的仪式结束后，母亲就可以给孩子喂奶了。

塔吉克人对婚礼十分重视，婚礼的日子一般选在秋高气爽、牛羊肥壮的金秋季节。结婚要热闹三天。结婚仪式是男方来接亲时，在女方家举行。

在塔吉克人的社会中，丧葬是很严肃、很隆重的事。塔吉克人的丧葬习俗是伊斯兰教伊斯玛仪派学说、古代琐罗亚斯德教（拜火教）世界观和自古传承下来的习俗的混合，在内容与形式上，是从简单到复杂，逐渐发展形成的。

塔吉克人办丧事不分亲疏远近、男女老少，凡是同村的人全部要邀请，但不发丧帖，而是派人逐户报丧。丧家根据将要前来参加吊唁的人数来做准备，如丧饭、柴草、住宿、被褥、饲草等都要做充分的准备。对每一户人家来说，不论在何种情况下，备办丧事都是一件很重大的事，因为丧事的时间难以预料，若是准备不及，那将很难堪。所以，塔吉克人平时就准备着办丧事所要用的牛羊。

塔吉克人的吊唁仪式肃穆而隆重，前来参加吊唁仪式的人很多，这一天村里的一切活动都要停止，包括劳动、工作、家务。入葬的那

天，吊唁仪式在丧者家中举行。举行葬礼前，先要缝殓衣，殓衣分男式与女式，缝制殓衣的线须从殓衣上抽取。殓衣缝制好后，将死者置于门前，丧礼由宗教人士赛义德或海里派诵经并主持。男人聚于一处做乃玛兹，妇女们则坐在一旁。做乃玛兹时不允许哭泣。死者入葬后，宗教人士还要再次祈祷，而后众人依次吻死者家属的手并劝慰道："这是真主的旨意，切莫太难过。"之后人们洗手进屋，祈祷之后摆出丧饭。一般宰杀牦牛或黄牛，按规矩死者亲属不可食用。丧饭在塔吉克语中称作"派提法尔"。

在漫长的历史发展过程中，塔吉克族先民信仰过多种宗教。塔吉克人的宗教信仰基本上可以分为四个阶段：原始自然现象崇拜阶段，琐罗亚斯德教信仰阶段，佛教信仰阶段，伊斯兰教伊斯玛仪派信仰阶段。原始自然现象崇拜包括对鹰的崇拜、慕士塔格的崇拜、盐的崇拜、奶的崇拜、"四要素"（水、火、土、气）的观念和色彩的观念等。

现在我国塔吉克族普遍信仰伊斯兰教，但他们所信仰的是伊斯兰教两大派（逊尼派与什叶派）中什叶派的重要支派——伊斯玛仪派。

从比较可信的传说和塔吉克人信仰伊斯玛仪派的活动来看，整个高山塔吉克（其中包括我们塔吉克）是于11世纪在著名的塔吉克诗人和伊斯玛仪派的宣扬者纳赛尔·霍斯鲁的劝说下信奉了伊斯玛仪派的。因此，我国塔吉克至今将其尊敬地称为"鼻祖纳赛尔·霍斯鲁"，很多宗教活动都按照他的学说进行，他的《旅行纪事》、《光明之书》等著作在我国塔吉克中流传很广，被视为圣典。

塔吉克族的民族节日是他们风俗习惯中很重要的一个部分。由于塔吉克族信仰伊斯兰教伊斯玛仪教派。因此，他们的古尔邦节和肉孜节与其他穆斯林民族既有相同之处，又有所区别。塔吉克族是一个有悠久历史传统的民族，因而他们又有着各种独具特色的民族节日。比较大的节日有：古尔邦节、肉孜节、肖公巴哈尔节、皮里克节（灯节)、祖吾尔节(引水节)、铁合木祖瓦斯提节(播种节)等。其中肖公巴哈尔节(迎春节或新春节)是非常重要的民族节日。

在中国塔吉克文学宝库中,民间口头文学占有十分重要的位置。纵观中国塔吉克文学发展的历史,民间口头文学推演变化贯穿始终,成为整个塔吉克文学的核心和生命。

中国塔吉克民间文学,按照民间的分类,大体上可分为"soug"(赛吾格,即故事)和"beyt"(比依特,即诗体或诗典)两大类。民间乐器主要有"nay"(纳依,即鹰笛),"daf"(达卜,即手鼓)和"rabub"(拉布甫,即热瓦甫)等。民间舞蹈包括单人舞、双人舞、男子舞、女子舞、集体舞等。塔吉克民间还流传着有关鹰笛和鹰舞的传说。总之,塔吉克民间文学内容丰富、体裁众多。直至今日,口头创作、口头流传仍然是不少民间歌手们创作和传播他们作品的主要方法。不了解塔吉克民间文艺就不能了解塔吉克人的心理状态。

第一章

太阳神的子孙

第一节　“王冠”民族的由来

一、“王冠”民族

“塔吉克”一词是古代塔吉克语，意为“王冠”。据说，起先只有塔吉克先祖的国君头戴王冠，王冠是国君在位的标志之一。但是，久而久之，他们的百姓也都戴上了各种颜色的仿制王冠，以示自己是国王的忠诚臣民，因此，民众都自称“塔吉克拉”，意即“戴王冠的人们”。

塔吉克人的族源，可以追溯到公元前 10 世纪以前，在阿姆河上游、中游及泽莱普善河谷，即阿富汗北部和帕米尔谷地，居住着巴克特里亚人、粟特人和花剌子模人的土著居民，他们就是塔吉克族人的先民，即操伊朗语的塞人。塞人在帕米尔地区塔吉克族的形成中，起到了决定性的作用。塔吉克族人的体态，显示出塞种人的基本特点。1983 年在帕米尔东部的“吉日尕拉”地方的三级阶地上，距地表 7 米的深处，发掘出原始人类制造石器和用火的遗迹，这生动地表明，在一万年以前的帕米尔东部，已有人类居住。1976年，新疆考古队在塔什库尔干县城以北香宝宝墓进行发掘，出土了公元前8～前5世纪的文化遗址和人的骨骼，其具有塞种人的特征。这表明，早在2500～4000年前，我国塔吉克族人的祖先，就已经在这里繁衍生息，这里就是他们文化的发祥地。

据中外文献资料表明，唐高僧玄奘所著的《大唐西域记》中"公主堡"的传说，就冲破了世俗的枷锁和历史的禁锢，道出了中国"塞种人"——即中国白种人的族源。这是一个值得重视的课题！

二、古代西域各地的雅利安部落

在谈到塔吉克族形成时，必然涉及古代塞人、粟特人等操东伊朗语的部族和居民。

1. 雅利安人

"说到塔吉克人，就指的是操伊朗语的民族，他们是古代雅利安人的后代。"①

从印度和波斯古文献的比较研究中推知，远古在中亚地区曾有一个自称"雅利安"（Arya）的部落集团，主要从事畜牧，擅骑射，有父系氏族组织，崇拜多神。② 据记载，雅利安人在高加索以及中亚为古代部落，使用印欧语系的语言。在梵语中Arya（雅利安）是"高贵"或"纯洁"的意思。

学术界一般认为，欧罗巴人的先祖雅利安人在公元前2000年开始大迁徙，一支迁入伊朗高原，在那儿他们和古代的埃兰人融为一体，形成了后来的波斯人、米提亚人、斯基泰人等，现在的"伊朗"一词也由"雅利安"这个名称而来。一支迁入印度，在印度，他们往南部

① 王治来著．中亚史纲．湖南教育出版社，1986：659.

② 辞海．上海辞书出版社，1979：3111.

驱逐德拉继达人，创造了吠陀文化和建立了种姓制度，把印度—雅利安语族的语言带到了印度。古代印度的梵语、梵文和梵文化就是雅利安人创造的。伟大的叙事诗《摩诃婆罗多》和《罗摩衍那》都是用雅利安语梵文写成的。有一支迁入欧洲，还有一支迁入塔里木盆地及其周围地区。这就是活动在塔里木盆地及其周围地区操东伊朗语的古老部族的来历，他们在帕米尔地区，即今天的塔什库尔干地区定居下来，并创建了自己古老的文化。

生活在新疆帕米尔高原地区的塔吉克人　（罗小韵摄）

2. 塞种人

在我国塔吉克族的形成过程中，塞人发挥了决定性的作用。首先，塞人为东伊朗部族，他们的语言属伊朗语族，这方面他们与中国塔吉克人是相同的。有的学者还认为现在的塔什库尔干的色勒库尔语与瓦罕语是现代的活塞话。其次，古帕米尔，即塔什库尔干地区是历史上塞人活动的区域之一，他们在这里留下了不可磨灭的历史印记。例如，1976年和1977年新疆考古研究所在塔什库尔干塔吉克自治县城北面对香宝宝墓地进行发掘时，从40座墓中发现了有关原始社会末期至奴隶社会初期的文物，对墓葬中的木头进行了碳14测定，证明距现在最远的为4800年以前，最近的为2500年以前。墓中出土的人骨具有欧罗巴人种的特征，尤其是其中21座墓的形制、丧葬习俗、随葬物品等都与西帕米尔塞人的墓葬相同。这说明，作为我国塔吉克人直系先民的东伊朗部族从很古老的年代起，就在帕米尔地区居住并进行活动。

塞人公元前8世纪出现在欧亚内陆某些区域，公元前7世纪迁往南俄草原、西亚、北欧和黑海沿岸，因此，中国史料、古希腊史料、古波斯著名的纳黑希鲁斯塔木石刻和贝希斯敦铭文中，都有关于塞人的记载。中国史书中将他们称作“塞人”或“塞种人”。《汉书·西域传》记载：“乌孙国……本塞地也，大月氏西破走塞王，塞王南越悬度，大月氏据其地，后乌孙昆莫击破大月氏，大月氏徙西臣大夏。而乌孙昆莫居之，故乌孙民有塞种、大月氏种云。”在介绍汉代帕米尔高原上的休循国时《汉书》写道：“休循国，王治鸟飞谷，在葱岭西……本故塞种也。”对捐毒国的记载中也提及塞人：“捐毒国，王治衍敦谷……本塞种也。”[①]《汉书》等中国史书中关于塞种人还有许多其他记载。

古希腊史书亦留下了许多有关塞人的记述，他们将塞人称为“斯奇提亚人”。古希腊著名史学家希罗多德认为，欧亚草原喀尔巴阡山以东顿河，甚至再往东分布的游牧居民全都是斯奇提亚人，他在其名著《历史》一书中写道：“属于斯奇提亚人的塞卡依人戴着一种高帽子，帽子又直又硬，顶头的地方是尖的。他们穿着裤子，带着他们本国自制的弓和短剑，此外还有他们称之为塞伽利司的战斧。这些人虽是阿

---

① 汉书·西域传．中华书局，1983：3896～3897.

米吉欧伊·斯奇提亚人，却被称为塞卡依人，因为波斯人把所有斯奇提亚人都称为塞卡依人。”①

古代印度人亦与波斯人一样，将中亚的部族称为塞人。希罗多德还使用未见于古波斯铭文中的“玛撒该塔伊”这一称谓，对他们这样描述道：“玛撒该塔伊人穿着和斯基泰人相同的衣服，又有着同样的生活方式。”②

在古波斯石刻铭文中亦有许多有关塞人的记述，在塔吉克—波斯民间亦有许多有关塞人英勇业绩的传说，其中尤以希列克的传说和托米丽司的传说最为有名。希列克的传说展示了塞人希列克保卫家园、英勇无畏的献身精神，当大流士一世步居鲁士后尘，于公元前518年远征塞人时，塞人希列克只身以苦肉计引诱波斯大军进入没有水草的茫茫沙漠之中，结果波斯军队的大部分将士困死于此。希列克本人也牺牲了。托米丽司是玛撒该塔伊人的女王，对侵略者毫不让步，拒绝服从居鲁士的统治，对波斯军队予以坚决抵抗。在战斗中，托米丽司的儿子也牺牲了，女王带领全部军队与侵略军激战，最终获得胜利。女王找出居鲁士的尸体后，将这个侵略者的首级割下来，放进一只盛满血浆的革囊里，并说：“让你饮个痛快吧！”③

塞人崇拜地神、天神和太阳神。在他们看来，地神是母亲女神。他们也崇拜以剑为象征的战神，把剑插在地上，洒以血或奶，这算是对战神的祭祀。④ 将上文所提及的中国、波斯、希腊史籍中的文字相互比较，即可看出，中国所说的“塞人”，波斯所说的“塞卡依人”，希腊所说的“斯奇提亚人”或“玛撒该塔伊人”，实质上指的都是同一古代游牧部族。古波斯人把定居的农耕塞卡依人按其所居住之地名称呼，

---

① 希罗多德．历史（汉文版）．商务印书馆，1985：494.

② 希罗多德．历史（汉文版）．商务印书馆，1985：494.

③ 王治来．中亚史纲．湖南教育出版社，1986：38、40.

④ 加富罗夫．中亚塔吉克史．中国社会科学出版社，1985：19.

如马尔基亚那人、巴克特里亚人、花剌子模人、索格底亚那人。正如希罗多德所指的那样："波斯人是把所有的斯奇提亚人称为塞卡依人。"（塞卡依人即塞人）因为从游牧变为定居和从事农业，在中亚建立城邦国家的居民在语言、风俗习惯及衣着等方面基本相同。生活在公元前63年至20年的希腊史学家和地理学家斯特拉波在其《地理学》一书中认为：花剌子模的玛撒该塔伊人是塞人的一部分，索格底亚那人和巴克特里亚人在生活习俗上与游牧部族只有很小的差别。希罗多德在其著作中写道："从军的巴克妥利亚（巴克特里亚）人头上戴的和美地亚人头上戴的极为相似……从军的帕提亚人、花拉子米欧伊（花剌子模）人、粟格多伊（粟特）人的装束和巴克妥汪人的装束一样。"我国著名史学家司马迁在其《史记·大宛列传》中这样写道："自大宛以西至安息，国虽颇异言，然大同俗，相知言。其人皆深眼，多须髯，善市贾，争分铢。"[①] 我国塔吉克族的形成经过了漫长的历史阶段。东伊朗部族中居住在塔里木盆地的那部分在以后的年代基本融入了当地民族之中。居住在帕米尔高原（即今塔什库尔干地区）的那部分在保留了东伊朗语的基础上逐渐发展，形成了今天我国的塔吉克族。

3. 粟特人

粟特人是东伊朗人的一支，与我国西域地区的塞人、咸海周围的花剌子模人有很遥远的血缘关系。他们最初生活在阿姆河与锡尔河之间的泽拉夫善河流域，擅长经商，长期活跃在丝绸之路上。其经商活动促进了东西方的经济交往和文化交流，在农耕文明和游牧文明之间，东方文明与西方文明之间，架起了一座桥梁。[②]

粟特人，在中国古代史籍中叫"昭武九姓"、"九姓胡"，或简称作"胡"，他们的故乡在中亚阿姆河和锡尔河之间的粟特地区，以撒马尔

---

① 二十五史·史心·大宛列传．上海古籍出版社，1986：346.
② 尚衍斌著．西域文化．辽宁教育出版社，1998：97.

干（今乌兹别克斯坦）为中心，有九个绿洲王国，即康、安、曹、石、史、米等国。粟特人大多以经商为业，他们组成商团，成群结队地东来贩易，并且有许多人逐渐在经商之地留居下来。所以，就今所知，南北朝到唐朝时期，沿丝绸之路的于阗、楼兰、龟兹（库车）、高昌（吐鲁番）、敦煌、酒泉、张掖、武威和长安、洛阳等许多城镇，都有粟特人的足迹。他们的后裔渐渐汉化，但不少人的外表还是深目高鼻。在中国历史上，曾有不少人或好或坏地影响过历史车轮的运转，比如，武威安氏，曾经帮助唐朝平定凉州李轨的割据势力，后被唐朝皇帝赐姓为李。又如发动安史之乱的河北叛将安禄山和割让燕云十六州而作儿皇帝的石敬瑭，都是分别来自安国和石国的粟特人后裔。粟特人在文化上很早就接受了波斯伊朗文化的影响，他们的到来，使唐朝的一些都市充满了一种开放的胡风。

粟特人是生活在中亚阿姆河与锡尔河一带，操中古东伊朗语的古老民族，从东汉时期直至宋代，往来活跃在丝绸之路上，以善于经商闻名于欧亚大陆。作为丝路贸易集散地和中转站的疏勒，必然格外地吸引粟特人到此活动和定居。直到11世纪，喀什噶尔城郊还有大批的粟特人村落，这在麻赫木德、喀什噶里的《突厥语大辞典》中有明确记载，说这些土著居民操“坎杰克语”，突厥语称西域康居国为“坎杰克”，而康居正是粟特人的故乡。由于大批粟特人的加入，原先在外貌上“颇同华夏”的疏勒居民的种族成分有了极大改变。644年，玄奘抵达此地时，疏勒国除了极少数的王族成员外所有居民那种“手中皆六指”的特征已完全消失，取而代之的不仅是“深目高鼻”（《北史·西域传》），而且还“文身绿睛”（《大唐西域记》），这与西方人记载中描述粟特人“金发碧眼”这一特征大致吻合。当然，除了粟特人之外，此后还相继来过不少阿拉伯、波斯和中亚其他民族，因为各种原因来此定居并加入疏勒居民的行列，使这里的居民在容貌上愈显得“深目高鼻”。对这一时期当地居民的语言文字，唐玄奘的《大唐西域记》也有记录：“其文字，取则印度，虽有删讹，颇存体势。语言辞调，异于诸国。”并且还提到从疏勒到铁门关（中亚包兹阿勒山口）一带的人，都使用从上往下书写的文字，而且语言也比较接近。说明此时疏勒居民的语言与今新疆的其他地区差别很大，而中亚粟特语的成分却很重，这与《突厥语大辞典》中的记载也很吻合。至于文字，由于印度佛教文化的影响，作为西域四大佛教文化中心之一的疏勒，采用自上而下书写的印度婆罗米文，那是很自然的事。

操东伊朗语的粟特人是塔吉克人的祖先，他们为丝绸之路上的文化生活作出了重要贡献。早期定居的粟特人，生活在以他们民族名称命名的索格底亚那地区。亚历山大在向东方进军的过程中，也到达过这里。由于亚历山大的进攻，可能那时就已经导致该地区的一些居民向新疆的绿洲城市迁徙。

4. 吐火罗人

比较语言学、体质人类学乃至分子考古学等诸多学科的研究成果表明，吐火罗人属于印欧人种，为古老的原始印欧人群中的一支。吐火罗人原居地可能在中欧或东欧某地，大约在公元前 3 世纪，他们从自己的同胞中脱离出来，经过黑海草原和中亚草原，逐渐向东南迁徙，发展到中国西北地区。整个迁徙过程的时间长达 1000 多年。

吐火罗人讲的是印欧语中的一种方言，他们原属若干部族。虽然吐火罗人与月氏人之间的关系还不完全清楚，但是根据希腊历史学家的看法，吐火罗人早在公元前就已经定居在阿姆河南部了，那个地区后来被称之为“吐火罗斯坦”。

三、太阳神的子孙——汉日天种

644 年，我国唐代高僧玄奘从印度取经回国，曾在葱岭（现帕米

尔）拜会了朅盘陀国王裴星。国王热情地接待了他，并给他讲述了朅盘陀国的历史渊源。他说，听祖辈们讲，在很久以前，有位波力斯（伊朗）国王，派使臣到“东土”（指中国内地）去为他迎娶一位汉族公主为王后。迎亲队伍在返回途中，经过帕米尔时，因波力斯国内发生战乱，无法前进，于是迎（送）亲使臣便把公主安置在帕米尔东部一座耸入云霄的孤峰山洞里，派重兵把守，确保公主安全。3个月后，波力斯国内战争平息，迎亲队伍准备西行时，发现高山上的公主有了身孕。这事非同小可，使臣便严刑拷打众侍女，这时公主的贴身侍女禀报，说公主怀孕并非与凡人私通，而是和天神的奇缘。她说：“每天中午，有一个俊美的男子，从太阳上骑马下来，公主怀孕，正是神种。”后来，双方使臣们都赞同了侍女的提议，推举公主为首领，在山顶筑宫修殿住了下来。后来又拥立公主所生的儿子为国王，取名“至那提婆瞿口旦罗”。唐玄奘在《大唐西域记》中解释说，这名字是波力斯语（伊朗语系）的葱岭地方话，译成大唐汉语，就是“汉日天种”。之后，当地的塔吉克人都自豪地说，他们是太阳神的子孙！

四、中国的白种人

从体质特征来看，塔吉克人肤色浅淡、发色金黄或黑褐、眼睛碧蓝或灰褐、薄唇、高鼻、颧骨高突、体毛和胡须较发达，具有典型的欧罗巴人种特点。中国有两个操印欧语系的白种人民族，一个是塔吉克族，另一个是俄罗斯族。俄罗斯族是清朝后期零散进入中国境内定居的，而中国塔吉克族自古以来就定居在帕米尔高原上，所以说塔吉克族是中国境内唯一的原住白种人民族。

关于我国塔吉克族具有欧罗巴人种特征的现象，早在唐代即见于记载。可以说，在人种学方面，塔吉克族是中国的白种人。

五、淳朴与善良人的来历

“塔吉克”是中亚操伊朗语居民的族名。对塔吉克族名的来历与含义，学术界有不同看法。但一般认为“塔吉克”是“王冠”之意。

我国塔吉克族形成的历史可追溯至非常古老的年代。在我国塔吉克人的先祖所生活的塔什库尔干及其周围，从旧石器时代起就有原始人在活动。1983年8月，有关单位在对塔什库尔干塔吉克自治县吉日尕勒文化遗址所进行的科学考察中，发现原始人打制的石器、烧火堆残迹、烧损的骨头。这一旧石器时代的遗址不会晚于更新世，至少有一万年。这一旧石器时代文化遗址的发现，证明一万年以前塔什库尔干地区就有人类在进行社会活动。

塔吉克妇女　（宋士敬摄）

由于地理环境的不同和语言的差别，使塔吉克人分为平原塔吉克和高山塔吉克。平原塔吉克人数众多，他们生活在塔吉克斯坦和阿富汗；高山塔吉克主要指帕米尔高原和兴都库什山脉中生活的塔吉克。我国的塔吉克族属高山塔吉克，其祖先自古以来就生息繁衍在这块土地上。从16世纪开始，帕米尔西部和南部的什克南、瓦罕等地的一些塔吉克人，因不堪原居住地统治者的残酷压迫，东迁至塔什

库尔干、莎车、叶城、泽普、皮山等地。

两千多年以前，张骞通西域，西汉王朝在西域设置“西域都护”。帕米尔东部的各伊朗语部落与中央王朝确立了行政上的从属关系。在张骞通西域之后，前往大月氏、安息等西域各国使节和商人不断经过帕米尔地区，帕米尔成为古代“丝绸之路”上东西交通的必经之路，使得塔吉克族和汉族等兄弟民族之间在经济、文化等方面的交流也越来越频繁，促进了塔吉克族古代社会的发展。

2～3世纪，生活在帕米尔高原的塔吉克族先民们建立了朅盘陀国。朅盘陀一词为东伊朗语，意为山路或山间平地。朅盘陀地处中亚、西亚、印度丝绸之路的孔道关隘，对东西方的经济和文化交流起着桥梁作用。僧人法显、宋云、玄奘等均到过朅盘陀。朅盘陀国继承并发展了汉代葱岭各部同中原地区的密切关系。

朅盘陀国是我国塔吉克族先民建立的王国，这一王国在我国塔吉克族历史上留下了深远的影响，具体表现在以下几个方面：

在当时塔什库尔干及其周围地区开挖渠道，兴修水利，大力发展灌溉农业。

修建驿站及免费提供过往行旅住宿的房舍，以保证丝绸之路的畅通。

修建城堡、城市，巩固封建王国制度。《大唐西域记》一书及其他史料对此有清楚的记述。

朅盘陀国时期，由于社会经济的发展，社会文化也得到相当大的发展。朅盘陀人使用自己的语言文字，信仰佛教，修建了许多寺院庙宇，发展佛教文化。在朅盘陀国力强盛时期，朅盘陀国国王曾仗恃武力，特地从邻邦“请”来当时号称“四日照世”之一的名僧童受，并为他修建了“台阁高广，佛像威严”的寺院，建立了一个在这一带有相当影响的佛教中心。

朅盘陀国继承并发展了汉代葱岭各部与中原地区的密切关系，即使在中原分裂后形成南北朝期间，也屡次派遣使者，远行万里，同北魏和梁朝进行联系，并贡献土产。到了唐朝，朅盘陀国同中央的关系更加密切。

在我国塔吉克族形成的历史中产生过深刻影响的朅盘陀国存在了五百多年。唐朝开元年间（713～741 年），吐蕃势力到达帕米尔一带，朅盘陀国国王归降吐蕃，于是朅盘陀国便从历史舞台上消逝了。此后，唐朝为加强西部边防，便在塔什库尔干设立了属安西都护府管辖的“葱岭守捉”，将此地作为国家边境上的一处要塞。

宋元时期，塔什库尔干地区很少被提及，除记载它属于于阗外，再无其他任何文字材料。但是，这是塔吉克人历史上发生巨变的时期。由于阿拉伯人的征服，塔吉克人接受了伊斯兰教。阿拉伯人征服中亚之后，中亚的塔吉克人建立了塔希尔王朝、萨法尔王朝和萨曼王朝。其中萨曼王朝对塔吉克人的历史有着深刻的影响。萨曼王朝完成了将塔吉克人凝聚为一个民族的过程。当时塔吉克人全都皈依了伊斯兰教，因此，在共同反对阿拉伯语占统治地位的基础上，形成了塔吉克人统一的语言——达里语。这一历史时期发展了塔吉克文化和文学艺术，并将其提高到一个新的水平上。

蒙古人征服中亚之后，即元朝时，塔什库尔干连同中亚大片土地一起便归属于察合台汗国。明朝时期，塔什库尔干地区又属于叶尔羌赛伊迪亚汗国。赛伊迪亚汗国一直向塔什库尔干派驻阿奇木伯克。赛伊迪亚汗国解体之后，由于新疆战乱频繁，塔什库尔干地区和塔吉克人的社会生活受到严重损害，很多人背井离乡，流离失所，生产凋敝，民不聊生。

1759 年，清朝政府平定了大小和卓之乱，完成了重新统一新疆的伟大事业，设置了统辖新疆的伊犁将军。当时塔什库尔干的穆喇特阿

奇木伯克将所有户口田亩呈报清政府备案。从这个时期起，清政府正式将塔什库尔干的塔吉克族聚居区划为叶尔羌的一个庄——色勒库尔回庄。色勒库尔回庄受叶尔羌办事大臣管辖。色勒库尔回庄的建设对于巩固边防，加强塔吉克族与兄弟民族之间的联系，促进塔吉克族地区经济和文化的发展，具有重大的历史意义。

19 世纪中期，浩罕汗国侵犯我国塔什库尔干地区。在抗击浩罕汗国入侵的斗争中，塔吉克人民中出现了著名的民族英雄库尔察克。自从库尔察克 1830 年任色勒库尔依什罕伯克起，至 1836 年他被浩罕入侵者杀害，他一直带领着塔吉克人民多次击退侵略者的入侵。他顶住了敌人的威逼利诱，为保卫祖国的领土，献出了宝贵的生命。歌颂这位民族英雄的长诗《太洪》至今仍在塔吉克人中传唱。

在阿古柏的侵略和暴虐统治时期，塔吉克人民受到极端的压榨和迫害，很多人不得不远走他乡，逃往瓦罕、布哈拉等地避难。很多居民甚至被阿古柏当作罪犯，流放到喀什城北的帕齐牙尔和莎车境内。

1865 年，浩罕军官阿古柏入侵新疆，建立了侵略政权哲德沙尔（七城）汗国。阿古柏派爪牙阿山夏“镇抚”色勒库尔，对塔吉克人民进行严密防范和残酷镇压。1877 年，清朝政府派左宗棠出兵收复新疆。原色勒库尔回庄阿奇木伯克艾里布利用清军胜利的声势和塔吉克人民驱逐侵略者的要求，杀死阿山夏，收复色勒库尔。清朝政府赏给艾里布蓝翎五品顶戴，管辖 19 处塔吉克族乡村（原色勒库尔回庄辖地），并兼管色勒库尔西北九处柯尔克孜族游牧地。

1884 年新疆建省后，色勒库尔作为边防要塞，清政府在此设立了抚辑粮运局（后改为转运抚辑局），负责管理地方工作，由喀什提督和喀什道台委托清军中的一名旗官管理局务。到 1902 年，改由莎车府分设“蒲犁分防通判厅”，委派由内地来的“流官”担任分防通判。1911 年辛亥革命后，改为蒲犁县，划归喀什道管辖，蒲犁厅（局）下辖 27

个庄，每庄由分防通判（后来由县长）委派当地上层分子一人担任“乡约”管理全庄。

1891～1894 年，沙俄通过种种卑劣手段，勾结英国，企图瓜分我国帕米尔，并把魔爪伸向塔什库尔干。世代居住在这里的塔吉克族人民为防御俄英帝国主义的继续入侵，发扬爱国主义精神和保卫边疆的光荣传统，应募组成“色勒库尔绥远回队”。

1904 年，蒲犁分防通判为了保持对色勒库尔的管辖，将小同庄居民 40 多户拨给阿奇木伯克，充当“羊契”（农奴）。1925 年，小同庄的塔吉克族“羊契”联合起来要求废除无偿劳役，恢复自由。各乡的塔吉克族人民起来支持，并反对继续保留阿奇木伯克。迫于群众的压力，政府在 1926 年下令永远禁革“阿奇木”，废除“羊契”制度。

1938～1940 年，许亮、胡鉴两位中共党员来到塔吉克牧区工作，分别担任蒲犁县县长和边防大队队长，领导塔吉克族人民开展反抗斗争，发展经济文化，改善人民生活，给这个地区留下深刻的革命影响。1942 年，盛世才彻底投靠国民党当局之后，共产党人被迫离开，塔吉克人民又陷入苦难之中。1945 年 8 月 22 日，塔吉克和柯尔克孜两族人民掀起了蒲犁革命，反对国民党的统治，先后攻克蒲犁、叶城和泽普三县。蒲犁革命有力地配合了三区革命的斗争，沉重打击了国民党在新疆南部的统治，在塔吉克、柯尔克孜等族人民的历史上写下了光辉的一页。1946 年 6 月，三区革命政府履行与国民党政府签订的和谈条款，解散了蒲犁革命军。国民党的军队和官员重新进入蒲犁后，大肆捕杀革命者和无辜人民，被捕、被杀者达 4000 多人，人民生产、生活遭到严重破坏。

中华人民共和国成立之后，在 1950 年 3 月成立了塔什库尔干县人民政府。1954 年实行民族区域自治，成立了塔什库尔干塔吉克自治县，此后隶属喀什专署、南疆行署和现在的喀什地区行政公署。在其

余各县塔吉克人聚居之地设立了民族自治乡，塔吉克人民同我国各民族人民一起翻身做主，沿着社会主义道路，奔向共同繁荣的康庄大道。

第二节　莽莽苍苍　如诗如画的自然景色

一、世界的屋脊，神秘的高原

“帕米尔”一词为波斯语，意思是“世界屋脊”。我国塔吉克人对“帕米尔”这个术语有两种解释：其一，指最高的地方，这里的水向世界的四方流去；其二，指肥沃的草原。

在我国古代史籍中有许多关于帕米尔的记载。《穆天子传》称之为春山，谓“春山是唯天下之高山也”。《汉书·西域传》称其为“葱岭”。《水经注》引《西河旧事》云：“葱岭在敦煌西八十里（一作千里），其山高达、上悉生葱。”很显然“春山”和“葱岭”取义于“山崖高耸郁葱葱”，这与塔吉克人观念中“帕米尔”一词的含义有其一致性。此外《大唐西域记》称其为“波谜罗”，而《新唐书》称其为“播密”，实为“帕米尔”一名的同音异写而已。

人们习惯于把帕米尔分为东西两部分，分别称作东帕米尔和西帕米尔。东帕米尔主要包括帕米尔高原中属于中国领土的部分，即塔格敦巴什帕米尔和塔什库尔干周边地区；西帕米尔则包括塔吉克斯坦的南部和阿富汗的东北部。

我国境内的帕米尔高原，海拔在3200～4500米，最高处达7700多米。它因虎踞地球之巅，故有“万山之祖”之美誉。

帕米尔高原是亚洲大陆巨大山脉的山结，闻名世界的喜马拉雅山脉、喀喇昆仑山脉、昆仑山脉、天山山脉和兴都库什山脉均在此交汇并由此向四面八方延伸开去。如果把这里交汇的山系比作一株大树的话，帕米尔便是这株大树的主干，其他各大山脉便是这株大树的枝枝蔓蔓。

帕米尔高原虽然属于高寒山区，但由于地理位置的特殊性，古往今来一直是横贯东西方的重要通道，是古丝绸之路的必经之地，同时南北之间也有易于通行的道路。从远古时代起，我国人民即已行走于这个著名的世界屋脊之上，记录了这块引人注目的重地，留下了许多为世界所珍视的著作。《山海经》、《穆天子传》、《汉书·西域传》等书对葱岭及周边各国都有明确记载。4 世纪末西行印度的法显，在他的《佛国记》里更是详细记述了葱岭的自然景观；继之翻越葱岭的还有高僧智猛、昙无竭（法勇）和 518 年西行的宋云、惠生。在宋云的行记中，也生动地记述了涉足葱岭的境遇；特别是 629 年（贞观三年）西行的玄奘，往返都经过了帕米尔，由其弟子整理的《大唐西域记》是我国古代记载帕米尔地区最详细的著作。

根据整个帕米尔地区的地貌，以帕米尔地区的河流湖泊为界，人们把帕米尔分为了八个部分，即八帕。

塔格敦巴什帕米尔亦简称当巴什帕米尔，是塔吉克语“色勒库尔帕米尔”的突厥语对应名称，意思是“最高的地方”、“群山之首”。其位于帕米尔高原的东南部，是帕米尔的最高处，平均海拔 4000 米，亚洲大陆上的大山脉多从此处开始向四周延伸。这里屹立着公格尔峰（海拔 7719 米）和慕士塔格山峰（海拔 7546 米）。塔什库尔干地区正好位于塔格敦巴什帕米尔。

库尔达帕米尔也叫小帕米尔，位于塔格敦巴什帕米尔的西边，包括发源于奥依库勒湖、向东北方向流经的阿克苏河流域。

卡兰帕米尔也叫大帕米尔，位于库尔达帕米尔的东面，朝东北方向流去的伊斯蒂克河和朝西流去的帕米尔河两岸广阔的平原，都在卡兰帕米尔的范围之内。

阿尔楚尔帕米尔位于卡兰帕米尔的北面，恰迪尔塔西与卡拉库里湖之间的地方均为阿尔楚尔帕米尔。

萨雷兹帕米尔位于阿尔楚尔帕米尔的北面，其东部从阿克巴依塔尔河和阿克苏河汇合处起，一直到西伯尔坦的木尔加布河流域。

朗库里帕米尔在萨雷兹帕米尔以东，阿克巴依塔尔河流域在其范围之内。

海尔古西帕米尔也叫和什库珠帕米尔，位于萨雷兹帕米尔以北，喀拉库里湖四周的广阔地带均属海尔古西帕米尔。

瓦罕帕米尔位于卡兰帕米尔以南，库尔达帕米尔以西，瓦罕河流域的广大地区皆属瓦罕帕米尔。

二、巍峨壮观，绵延起伏

巍峨壮观、绵延起伏、蜿蜒于南疆地区的喀喇昆仑山、西昆仑山以及与之相连的帕米尔高原，不仅构成了南疆地区独特的自然地貌，而且是众多河流、湖泊的源泉。正是由于它们的存在，制约和影响着新疆河流的发源、流向和气候的冷暖干湿。喀喇昆仑山岩峭峻，巨峰拱列，犹如万笏朝天。地球上海拔在 8000 米以上的 14 座高峰中，有 4 座就属于喀喇昆仑山脉，其中海拔 8611 米的主峰乔戈里峰（塔吉克语意为“巨大的高峰”），是仅次于世界最高峰——珠穆朗玛峰的世界第二高峰。仰望那金字塔形的顶巅，只见冰崖壁立崔嵬挺立于云海之上，令人神惊目眩。由于喀喇昆仑山的地势比喜马拉雅山区略低，海拔在 6000 米以上的地带比较广阔，加之山间与山体主脉平行的纵形谷地，因而冰川区域较大。乔戈里峰北坡著名的音苏盖提冰川，长 40.2 公里，是我国境内已知的最长的现代冰川，是“万水之源”的帕米尔地区众多河流的重要源泉。新疆境内的喀喇昆仑山为山脉的东北坡，乔戈里峰北坡的冰雪融水形成泽勒普善河，而这个河是叶尔羌河重要的补给来源，喀喇昆仑山口到空喀山口段东坡的冰雪融水，则是和田河西源的重要补给来源。喀喇昆仑山区的一些山口，历史上也是中外商旅往来的国际商道。西方人把这些中国同印度之间的商道称为喀喇昆仑路线。这条路线曾对中外经济、文化交流起了一定的作用。

冰川之水 （多力昆·米那瓦尔摄）

昆仑山是横贯中国西部的高大山脉，也是世界上最长、最大的山脉之一。它西接帕米尔高原，东达柴达木河上游谷地，是一个由许多山脉组成的巨大山系。西端以叶尔羌河上游的塔什库尔干地区东部与喀喇昆仑山分界，向东一直延伸到四川省的西北部，横跨新疆、西藏、青海、四川等多个省区。它北侧以巨大的高差俯临新疆的塔里木盆地和青海的柴达木盆地，南侧则以一系列的山前洼地、盆地和宽谷与藏北高原、长江源山相分隔。[①] 昆仑山虽比不上喀喇昆仑山之陡峭，但山体更为壮阔，其势如巨蟒蜿蜒于亚洲中部，故有“莽昆仑”与“亚洲脊柱”之称。

---

① 管守新等．新疆·喀什风物志．云南人民出版社，2001：12.

塔什库尔干风光　（多力昆·米那瓦尔摄）

西昆仑起自帕米尔东部边缘，即自塔什库尔干东部地区延伸到和田的玉龙喀什河上游，长约600公里，平均宽度为150公里，由提孜那甫山—桑珠山、公格尔山—塔合塔昆仑、塔什库尔干—苏盖提山三列平行山脉所组成。有7000米以上的高峰3处，6000～7000米的高峰7处。其中，西端高7719米的公格尔山和7546米的慕士塔格山，东端高7282米的慕士山和6802米的切尔里丘克山，都是西昆仑较高的山峰。它们和其他山岭一起组成了一道巨大的天然屏障，阻住了来自西北的气流，形成了较多的山地降水，使局部地区形成了茂密的森林。昆仑山林场的大片森林主要分布在横亘莎车、叶城西南部的西昆仑北境地带。

昆仑山脉由于山势高耸，又有大量的冰川和积雪，因此形成了南疆地区河流、湖泊和地下水补给的固体水库。除此之外，昆仑山还蕴藏着煤、铁、铜、锌资源与金、铬、钼、钴、镍等稀有金属资源。它们的开发利用，对促进南疆地区经济的发展将起到重要的作用。

昆仑山与喀喇昆仑山在我国古籍中被称为昆山或南山，而昆仑山在《水经注》中又有何耨达山之称。

三、巍巍雪山，滔滔冰河；春华秋实，岁月峥嵘

世界著名山峰之一的乔戈里峰海拔 8611 米，是仅次于珠穆朗玛峰的世界第二高峰。

“乔戈里”是塔吉克语，意思是“巨大的”、“高大的”、“雄伟的”。乔戈里峰位于塔什库尔干塔吉克自治县东南的中国和巴基斯坦边界，是喀喇昆仑山脉的主峰，山体主要由花岗岩和页岩构成。

乔戈里峰山高峻峭、群峰环绕、山区气候恶劣、常年飞雪不断，大小冰川分布在山谷之间。就在这终年积雪、人烟罕至的荒凉地带，在音苏盖提冰川舌部和乔戈里冰河的结合处有一块约 25 平方公里的三角洲，此地生长着樱草、棘豆花、红柳、野柳等植物，还有野驴、盘羊（大头羊）、青羊、黄羊、狐狸、狼、野兔、呱呱鸡、雪鸡、鹰等野生动物。每年的 7 月中旬，这里好似天然公园，一片生机。

四、雄伟奇特的姊妹峰

在塔什库尔干塔吉克自治县北面与慕士塔格峰相连的旅游景区，有一座雄伟的大山——公格尔诸峰。此山由两座山峰组成，一座叫公格尔峰，另一座叫公格尔九别峰。

公格尔峰也叫大公格尔峰，海拔约 7719 米。公格尔山峰被巨大的冰层所覆盖，海拔由 7000 米到 5000 米自上而下延伸。据勘测，这里有大大小小的冰川 20 多条。夏日冰雪融化，条条山谷流水淙淙，一齐汇入盖孜河。冰雪覆盖的公格尔峰的自然结构十分复杂，冰川与冰川互相交错，常有雪崩、滑坡等现象发生。

公格尔九别峰诚如它的名字所显示的那样，是一个多峰的山，也叫小公格尔山或公格尔第二峰，海拔 7595 米。它那白雪皑皑的冰雪山峰在阳光下有的如无限延伸的波浪，有的如熠熠生辉的玉雕宝塔，有

的则如擎天的玉雕巨柱。

五、万山之祖，万水之源

慕士塔格阿塔山（“冰川之父”）位于帕米尔高原东侧塔什库尔干塔吉克自治县的北部，离县城约 60 公里。这里有新疆地区最大的冰川。

慕士塔格山有 5 座山峰，海拔在 7000 米以上的有两座，最高的一座海拔为 7546 米，即为慕士塔格阿塔峰。

头戴冰雪王冠的慕士塔格阿塔峰在阳光下发出耀眼的白光，而慕士塔格阿塔山麓的塔合曼草地秀丽的风光也使人陶醉。远远望去，慕士塔格阿塔峰奇异的风光不禁使人联想到身着绿衣衫、头戴白丝巾的塔吉克少女。倘若你亲眼目睹这一美景，一定会被这大自然的神奇造化所陶醉。

慕士塔格阿塔山与新疆地区的其他冰川一起，阻挡了来自北冰洋和大西洋的水汽，形成降水，成为南疆这一干旱地区取之不尽、用之不竭的天然水库，也是帕米尔地区的喀喇库里湖、齐迪尔库勒湖等众多大小湖泊的水源。从这个意义上来说，慕士塔格阿塔峰是天山名副其实的守护神，是新疆地区人民的庇护者。不仅如此，它还对调节新疆地区植物生态平衡、保持气候起着特别重要的作用。正是由于这个原因，塔吉克人在关于慕士塔格山的传说中，将此山神化，称之为“阿塔”，并加以虔诚膜拜。

相传很久很久以前，慕士塔格山本没有冰雪，这里是一个繁花似锦的仙境。山下住着一位勇敢的塔吉克青年鲁斯塔木，他爱上了一位姑娘。为了爱情，他必须上山去采一种奇异的花朵。他爬了九天九夜，终于爬上山顶。山顶上，守护神花的仙女恰巧睡着了，他赶紧折了一束红花、一束白花，而后转身下山。当他下至半山腰时，仙女醒了，见他摘去了神花，便令老雕和大熊去夺取。鲁斯塔木一一击败了它们。最后，仙女自己变成了一个狰狞的巨人，挡住了他的去路。鲁斯塔木知道自己不是仙女的对手，便说："我是为所爱的人来采花的，你如果不放我过去，我就从悬崖上跳下去。"仙女为人间这种真挚的爱情所感动，便允许他将神花带到人间。但是，善良的仙女却因此触犯天条，受到了天神的惩罚，被用铁链锁于山顶之上。她为鲁斯塔木及其情人的幸福而欣喜，也为自己的不幸而痛苦流泪。年复一年，她的眼泪结成了厚厚的坚冰，覆盖了巍峨的山峰。山上那皑皑白雪，便是她在痛苦中熬白了的长发。因此，塔吉克人崇敬慕士塔格山，并将其看作是纯洁善良品性的象征。塔吉克谚语说："热爱祖国的人像慕士塔格那样顶天立地。"塔吉克青年男女也常常面对慕士塔格冰峰，立下他们的誓言："愿我们的爱情像慕士塔格的坚冰那样纯洁，千年万载永不消融。"

六、神圣净土——美丽的塔什库尔干

"塔什库尔干"是一个象征性的地名，得名于今塔什库尔干塔吉克自治县城一侧的古城堡，即古石头城。

塔什库尔干塔吉克自治县位于帕米尔高原东部、喀喇昆仑山北部、塔里木盆地西部、喀什地区西南部、慕士塔格峰山脚下的一方神奇土地，总面积 2.5 万平方公里，全县人口 3.5 万余人，周边与巴基斯坦、阿富汗、塔吉克斯坦三国接壤，边境线长 888 公里，是我国国境线最长、毗邻国家最多的唯一的塔吉克自治县。

塔什库尔干，原名蒲梨，又名朅盘陀，维吾尔族语意为"石头城堡"、塔吉克语意为"皇冠"或"戴皇冠者"。塔什库尔干资源丰富，开发潜力大，县域农牧民主要从事农牧业，以牧业为主，牧畜品种主要有巴什大尾羊、山羊、牛、耗牛、马和骆驼等，农业主要种植小麦、青稞、豌豆、玉米、油菜、马铃薯等农作物。

帕米尔马可波罗大头羊　（多力昆·米那瓦尔摄）

塔什库尔干塔吉克自治县自然景观奇特，气候生态多样，这里冰峰与草原共存，民族风情多具特色，自古以来就有“歌舞之乡”的美誉，尤以“慕士塔格冰川奇景”、“丝绸之路”享誉世界，自古就是中外游客神往和迷恋的旅游胜地，具有发展旅游业的独特优势。县境内冰山耸峙，峪谷纵横，南有世界第二高峰——乔戈里峰，北有公格尔九别姊妹双峰，著名的“冰山之父”——慕士塔格阿塔峰享誉世界。县境内到处是冰山、冰洞、冰川、冰塔。奇山怪石、奇花异草遍布全境；喷泉、冰川、湖泊、牧场点缀雪岭；杏花村、花果山散布于巍峨冰峰之间。在县境内可看到五千年至一万年前的古文化遗址；又可以看到公元前8～前5世纪的文化遗物和人骨；古石头城遗址是丝绸之路经过葱岭—帕米尔高原的最大驿站；还有保护完好的新石器时代文化遗址——香宝宝古墓群；盛唐建筑——公主堡，它们一直保持着完整独特的塔吉克民族风情。还可以欣赏到一天多次日出日落的美景；听到塔吉克优美的“鹰”与“冰山”的神话传说。每年都有60多个国家和地区的20余万旅客慕名前来饱览帕米尔高原的雄奇壮美，领略塔吉克“鹰”与“冰山”文化的神奇魅力。

这里有世界第二高峰——乔戈里峰，这里有“冰山之父”——慕士塔格神山，这里有世界四大古石头城之一——“朅盘陀国”都城石头城，这里有全国唯一一个欧罗巴人种——塔吉克民族，这里是全国唯一的塔吉克民族自治县，这里有国家级非物质文化遗产，八个自治区级非物质文化遗产，这是一片神秘的净土，是位于“万山之宗，万水之源、世界屋脊”的高原明珠。

七、云彩上的丰富旅游资源

塔什库尔干塔吉克自治县历史悠久，自然、人文资源丰富，文化底蕴深厚，生态环境优美，具有生态观光、休闲度假、地质探险考察、文化民俗旅游等旅游优势。塔什库尔干塔吉克自治县是我国目前保护最完整、最具有吸引力的高原原生态风景旅游区，这里有国家级旅游资源25处，其中国家一类旅游资源3处：著名的“冰山之父”——慕士塔格冰川，世界最有魅力的名山——乔戈里冰川，丝绸之路中道·南道的汇聚地——古石头城；国家级重点文物保护单位：塔吉克族先民古墓葬——香宝宝古墓群；省级重点文物保护单位：著名的唐高僧取经途驻留地——古驿站和藏经洞；金草滩湿地旅游风景区，闻名国内外的恒温80℃、富含23种矿物质的塔合曼温泉。国家三类旅游资源5处：塔吉克族大同王卡里姆伯克宫邸，红色国门——中巴红旗拉普界碑，中塔卡拉苏界碑，古代的帕尔哈德—西琳水渠遗址，丝绸古道遗址；国家四类旅游资源12处：著名民族英雄库尔察克·麻扎，旧石器时代文化遗址——吉日尕勒文化遗址，大同乡巴麻菲利·穆加拉提麻扎和巴麻菲利·外力麻扎，福舍（古代资助旅游者的给食施药慈善机

构），大龙池（绿公河），百户堡——提孜那甫古堡，昆仑山深处的热斯卡木古代城堡遗址，班底乡的加汗格儿堡，帕米尔矿泉水厂，瓦尔西地村拜火教遗址，佛教遗址，三国野生动植物保护区。

塔什库尔干县民族文化艺术中心内包含塔吉克民族文化发展历史，建县五十多年成就展示，品位极高的古代文物，是对塔什库尔干塔吉克自治县帕米尔高原风光，塔吉克民族风情以及塔什库尔干塔吉克自治县口岸、旅游、矿产、有机产品、水资源五大优势资源的有效展示和推介。

塔什库尔干塔吉克自治县—莎车公路，曾经的丝绸古道，蕴藏着神秘天书和天画，世界最高的高原杏花长廊和原始村落，人们昵称为“天上人间大峡谷”，目前保存良好。

所有 25 处国家级旅游资源以及丝绸古道人文遗址，全部以县城为中心，概况为“三线·一中心”，即以县城为中心，向东、向南、向北辐射，国道 314 线和中巴、中塔国际公路贯穿全境，为三条旅游线路和出入境旅客深入各景区提供了良好的地缘交通条件和生活条件。

八、高原景观风光

塔什库尔干自然景观奇特，冰峰与草原共存，其中“慕士塔格冰川”奇景更是享誉世界。慕士塔格阿塔峰海拔 7546 米，雄踞群山之首，封顶云纱雾海，终年白雪皑皑、冰川倒挂，犹如一位银须长者，故有“冰山之父”美誉，与喀拉库勒湖相映成趣，以其神秘壮美成为国内探险者神往的朝圣之地。

阿拉尔金草滩。明镜般的塔什库尔干河与其直流纵横交错，流淌出一片水草丰茂的金草滩。一望无际的草滩绿意盎然、毡房点点，宛如繁星洒在绿色的绸缎上，“风吹草低见牛羊”的画面与古老的石头城、连绵起伏的冰山交织成一幅独一无二的高原奇景。

在帕米尔高原海拔5000千米的冰封雪岭之中，巍然耸立着世界上海拔最高的口岸——红其拉甫口岸，它是我国与巴基斯坦唯一的陆路进出境通道，也是通往南亚次大陆乃至欧洲的重要门户。红其拉甫口岸早在1000年前就是古丝绸之路的重要关隘，如今这座威武庄严的红色国门与著名的七号界碑遥相呼应，激发着守望边境、身为中国人的豪迈之情。卡拉苏口岸接壤塔吉克斯坦，是国家一类口岸，海拔4300米处建的国际天文台、5024处边防哨所成为口岸周围亮丽的风景线。

“朅盘陀国”都城——石头城，世界四大石头城之一，位于塔什库尔干县城北侧，海拔3100米，地势险峻，是古代丝绸之路经过葱岭的最大驿站，拥有举足轻重的战略地位。石头城历史悠久，最早为公元初期塔吉克人先祖建立的“朅盘陀国”都城，历经唐、元、明、清等朝代扩建修葺，是自治区重点文物保护单位。

香宝宝古墓群位于塔什库尔干塔吉克自治县城北面2.5公里处，为春秋战国时期羌人及塞克族人墓地，墓葬超过250座，随葬物品具有超高的艺术价值和考古价值，是保护完好的新石器时代文化遗址，距今近4000年，是溯古游的极佳去处。

高原要塞——公主堡地处红其拉甫河与卡喇秋库尔河的交汇处，位于八帕之一的塔格敦八什帕米尔半山坡上，扼古丝绸之路要冲，是我国最高的古代城堡之一，这座盛唐建筑一直保持完整独特的塔吉克族风情，流传着“汉日天种”、“太阳部落”的传说。

丝绸之路上的古驿站。古丝绸之路的拱拜孜（古驿站）在塔什库尔干塔吉克自治县境内有6处，目前保存较完善的就是塔什库尔干河畔的古驿站，驿站遗址是一座用卵石砌成的圆锥形小屋，四周河滩环绕，河边高地有古墓地，东侧有一小城遗址，北侧500米处有一排排排列整齐的唐高僧藏经洞，西天取经的故事就发生在这片昔日的繁荣之地。

神花繁衍的塔合曼温泉位于慕士塔格阿塔峰西北面的温泉山上，水温80℃以上，可在15分钟内煮熟鸡蛋，泉水中含有硫、磷、钙、氟、锰、镁、钾等23种矿物质。

历史文化象征——民族文化艺术中心位于塔什库尔干自治县慕士塔格路，是塔什库尔干标志性建筑，国家AA级景点，文化艺术中心由自治县图书馆、自治县50年成就展、塔吉克民俗风情展、出土文物陈列馆、影剧院等公共文化场所组成，是展示塔吉克民族文化艺术的窗口，在充分挖掘塔吉克民俗风情、丝绸之路历史文化资源的基础上，形成了以塔吉克民俗风情体验、帕米尔观光为主导的产品，是体验丝绸之路文化内涵的高端休闲旅游地。

塔什库尔干塔吉克自治县民族文化艺术中心　（多力昆·米那瓦尔摄）

第二章

和睦的家庭　鲜艳夺目的文化

第一节　具有家规家教的大家庭

家长制的大家庭是过去塔吉克族社会的组成细胞。塔吉克族旧时一般为一夫一妻制的大家庭，保持严格的家长制，一般男性长者为一家之主，具有支配权，家庭成员的生产活动和生活都由家长做主安排。尊敬家长是塔吉克族传统的道德观念和社会风尚。父母在世时儿子分家另过，会受到社会舆论的责备。家长是以传统的方式相承袭的，一般为父死母继，母死长子继。在妯娌之间，长子之妻受到尊敬。儿媳和幼辈承担繁重的家务和生产劳动。儿媳回娘家要征得家长和丈夫的同意，并按时返回。塔吉克族家长制大家庭长期存在的原因同帕米尔地区高寒和塔吉克族兼农、牧业有关。客观条件要求作为社会经济单位的家庭必须具备一定数量的劳动力和生产资料；同时，在旧社会往往按户摊派捐税和徭役，这也是促使塔吉克人避免分家的原因之一。

一般来说，塔吉克族大家庭的所有成员都要参加力所能及的生产劳动，就连儿童放学后也要参加一定的劳动，如放牛、拾柴等。塔吉克人的大家庭一般包含几个小家庭，有时家长也以小家庭为单位分派

塔吉克族老奶奶　（拜海提·牙库甫摄）

生产任务，如家长指派一个小家庭负责放牧，那么，这个小家庭的家长便带领自己的子女、妻子长年在牧场放养牲畜，生活用品则由大家庭按期供给。这时候，小家庭似乎离开了大家庭，但它只有放养牲畜的义务，却没有私自处理牲畜和畜产品的权利。这种生产上的相互依赖关系维系了大家庭的稳定性，所有成员相亲相爱，非常和睦，甚至父母去世后，兄弟几个（几个小家庭）也仍然生活在一起，在生产和生活上相互照应，这时长子可能成为家庭中的主要代表。这样的几个小家庭或许经济上已各自独立，但在生产与生活上还相互协作，彼此依赖。他们往往共同播种、耕耘、收割，打场时则分开。这种亲属间生产上的相互协作在塔吉克农民中相当普遍，很多人的畜群是由亲戚代牧的，付很少报酬，甚至不付任何报酬。亲属间的这种密切协作，是家庭内部进行分工合作的一种扩展形式，对生产力比较落后的农牧业社会来说，这无疑是一种很有必要的补充方式，使生产过程获得了某种保障，同时也维系了一些缺少劳力、生活贫困的家庭。

第二节　你中有我　我中有你

塔吉克这个民族人口虽然少，但民族凝聚力非常强，所有的塔吉克人之间注重团结和友爱，相互帮助。每个家庭的成员相亲相爱，非常和睦。在生产和生活上，都是相互协作，彼此依赖。在塔吉克农村，生产上的互助协作不仅仅局限于大家庭或家属之间，一家有难众人相助的风尚甚为广泛，这主要表现在以下几个方面。

一、亲邻互助

塔吉克人主要从事农牧业生产。村里各家遇到盖房屋、修水渠、搬家、春耕、秋收等大事，亲邻都来相助，不计报酬。

二、轮流代牧

牲畜少的人家为节省劳动力，往往2～3家或4～5家将牲畜集中在一起，每年由一户负责放牧，其余人家则可放心去耕作，特别是在春耕和秋收期间，轮流代牧很普遍。而他们之间很少付给报酬，把帮助别人作为自己的一项义务。

三、合伙耕作

由于生产资料的缺乏，有时一户出土地，一户出劳动力，另一户出生产工具等物，秋后收获的粮食平均分配。塔吉克族的传统节日引

水节和播种节实际上是农事节日，它的主要含义是合伙耕作。因为塔吉克人聚居的塔什库尔干地区气候寒冷，居民稀少，冬季山水冻结，春耕来临需要砸开冰块，引水入渠，开耕播种，但一户人家单独引水开耕绝不可能，需全村人一齐出动。引水节和播种节便是在这一客观条件基础上形成的。

四、事先不规定条件的“换工”

所谓换工，即事先讲定条件，如以多少畜力换多少人工。但是塔吉克农村事先并不讲定条件，只是在得到他人帮助以后，以某种相同或不同方式给予回报，量力而行。塔吉克族聚居在帕米尔高原，人稀地广，海拔高，自然灾害多，这种自然条件在客观上也促成了塔吉克族人与人之间相互帮助的风气，使大家都能生活在一个共同发展、平等互助、共同繁荣的氛围之中，也更有力地增强了塔吉族民族之间的凝聚力。

第三节　保护鹰的传人及其语言文化

一、庄严的信仰

1. 塔吉克族早期原始崇拜

图腾信仰是最早的宗教形式之一，世界上大多数民族都曾存在过图腾崇拜。塔吉克族与许多民族一样，也曾经存在过图腾崇拜。

（1）对太阳的崇拜

从一些资料和民间神话传说来看，太阳可能是塔吉克族先民们的重要的图腾。

太阳是许多民族或部落崇拜的图腾物。图腾的最重要的特征是把某种现象视为自己的祖先。在《大唐西域记》中有关朅盘陀国记载和塔吉克族民间神话传说中都说他们的祖先是由汉族公主和太阳化身的男子结合而生，因而他们自称是“汉日天种”。这种神话是典型的图腾神话，世界上许多民族都存在这种神话。这说明中国古代塔吉克人曾奉太阳为图腾。从国王出自汉族公主和太阳神这一传说来看，太阳最初可能是朅盘陀国王族的图腾。

塔吉克族老年男子　（拜海提·牙库甫摄）

塔吉克族先民奉太阳为图腾是有其多方面原因的。帕米尔高原山高谷窄，人们居住在峡谷里，受阳光照射的时间很短，尤其是冬天，每天早晨，太阳从峡谷东边升起，峡谷里遍地金光，但不足半小时，太阳便从这个峡谷的西边落下去，谷地里顿时昏暗。塔什库尔干自治县的科库西力克乡有9条几乎平行的峡谷，每天太阳由东而西，从第一条峡谷落下，旋即在第二条峡谷上升起；从第二条峡谷落下，旋即从第三条峡谷升起……在这个乡里，由于9座高山所起的分割作用，形成了每天能看见9次日出日落的现象。叶尔羌河流经的一个村庄，由于峡谷深，冬季太阳只照到半山腰上，住在东岸的人家一个冬天有3个月晒不到太阳，河西的人家每年有27天得不到日照。这种特殊的自然环境，一方面使塔吉克先民对太阳感到十分神秘，另一方面使他们十分希望太阳多照些时间。

塔吉克先民认为，奉太阳为始祖，自己就是太阳的子孙，而太阳也就会像保护子孙一样保护自己，经常出来照耀自己的村庄。在这种观念的驱使下，他们便创造了与之有关的始祖诞生神话，并举行与之有关的崇拜仪式，这样便形成了太阳图腾崇拜。

（2）对鹰的崇拜

从古到今，中外史学家、作家、诗人以及画家和音乐家的作品中只要涉及塔吉克族，就会有“鹰的传人”、“飞翔的帕米尔雄鹰”、“像鹰一样的民族”、“鹰文化”等赞誉。事实上，这些美誉是有其历史文化依据和现实基础的。如果从文化学的角度考察塔吉克人和鹰之间的关系，可以发现鹰在塔吉克文化中的重要作用。从某种程度上说，鹰成为塔吉克人的象征和庇护神，是由塔吉克文化的历史和发展过程决定的。鹰极有可能是塔吉克人在远古时代的图腾。至今塔吉克人仍然崇拜鹰，将鹰视为忠诚、善良、勇敢和正义的象征，鹰文化在塔吉克文化中有以下表现形式。

塔吉克民间文学中有10余篇有关鹰形象的传说故事，在这些传说中，鹰均为正面形象。

有关鹰的多种传说，尽管情节有所不同，有的传说以反抗阶级压迫为内容，有的传说描写对自由和爱情的追求，有的传说以反抗侵略为题材，还有一些传说反映舍己救人的高尚品格。但是，通过现象看本质，这些传说的深层都包含着一个主题，就是人和鹰的关系。当正义遇到危难时，勇敢的鹰便会牺牲自身，站在正义一方伸张正义，使正义一方逢凶化吉，取得胜利。这些传说的一个共同思想是，生动地表现了塔吉克人对鹰的高度评价和鹰与塔吉克人之间那种生死与共的关系。可以这样推想：在远古时代，塔吉克人的祖先所创造的这些关于鹰的传说，用文化学的观点看，是关于远古塔吉克人社会生活的艺术记载。传说中猎鹰便是正义的化身、劳动人民智慧的化身。

反抗侵略和压迫，追求幸福、自由、富足的生活，创造理想的美好社会的愿望曾变为当时那个历史时代的主题。而在塔吉克人的社会中，这一主题则表现在鹰的行为中，所以说，塔吉克传说中鹰的行为、鹰的精神、鹰的勇敢和鹰的理想实际上是劳动人民的行为、劳动人民的精神、劳动人民的勇敢和劳动人民的理想，我们把鹰称作塔吉克人的庇护者和塔吉克人的化身的依据就在这里。

鹰的形象在古代东伊朗人部落之一的塞种人的文化中占据着显著的地位，特别是在其野兽雕刻艺术中的禽兽纹饰品中出现的狮身鹰头画面，引起了学者们的注意。

此外，在这种狮身鹰头雕刻作品中鹰成了主要形象。鹰形象在塞人的眼中似乎有了图腾的性质。之所以这样说，是因为古代塞种人和塔吉克人鹰形象的一致性绝非偶然，从语言和文化相联系的角度看，古代塞种人与塔吉克人同操东伊朗语，从血缘、语言和文化的角度看，可以说塞人是塔吉克人的祖先。从另一方面看，塔吉克人生活的中亚锡尔河—阿姆河流域和帕米尔—兴都库什山地区曾是古代塞种人重要的活动地域，希罗多德的名著《历史》、波斯人的《鲁斯塔木碑》、《贝希斯敦铭文》等碑铭，我国的史书——《汉书》中都有不少相关记载，此外还有许多出土文物可以证明这一点。

鹰笛是塔吉克人著名的乐器，几千年以来生活在“世界屋脊”的塔吉克人通过鹰笛来抒发自己的感情。关于鹰笛的出现，塔吉克人中有许多传说，这些传说有一个共同点，那就是鹰骨被制成鹰笛留给了塔吉克人。从现实情况来看，

塔吉克族鹰笛

（多力昆·米那瓦尔摄）

塔吉克人的鹰笛确实是用鹰骨制成的，它长约20厘米，下部开有3个笛孔，孔径约为1.5厘米，竖着吹奏，音色细而高，很适合吹奏塔吉克乐曲，一般在婚礼、节日、歌舞、叼羊、赛马等喜庆的场合演奏使用。

塔吉克人与鹰笛有关的传说有三种：

一是相传娃发一家祖孙三代都是有名的猎手，但他们猎获的一切珍禽异兽，都被奴隶主无偿夺去。因稍露不满，祖父被打死，父亲被烧死，家里唯一的财产——祖传的猎鹰也要被奴隶主抢走。娃发家的这只猎鹰本是鹰王，为了帮助娃发生存下去，鹰王硬是让娃发用自己的翅骨制成鹰笛。当吹响鹰笛时，立即召来成群的兀鹰，奴隶主见此情景，吓得要命，不得不答应娃发的要求，忍痛将牛羊和财产分给穷苦的奴隶。

二是一对青年男女自由恋爱，奴隶主得知后，便决定将他们分别卖到很远的地方去，以使其终生不得相见。这对情人得知后，连夜逃亡。在翻越冰大坂时，姑娘被追来的奴隶主射死。姑娘死后化作山鹰，日夜陪伴着挨家挨户寻找自己坟墓的情人。后来，为报仇雪恨，山鹰受伤，死前她托梦给情人，让他用鹰翅骨制成鹰笛，以抒发奴隶的心声，这样，她自己也就能永远陪伴在情人身旁。

三是在一次抗击外来侵略者的鏖战中，侵略者非常凶猛，塔吉克牧民被逼至一座断崖边上，情况万分危急。在山鹰的再三催促下，他们忍痛用山鹰的翅骨制成鹰笛。激励悲壮、裂石惊方的笛声唤醒了成千上万的牧民，却使侵略者们胆战心惊。就这样，塔吉克牧民最终赢得了反侵略战斗的胜利。

塔吉克人的传统舞蹈被称为鹰舞，因该舞模仿鹰的动作而得名。鹰舞以各种优美的舞姿表现了塔吉克人渴望像蔚蓝的天空中展翅高飞的雄鹰一样自由生活的美好愿望，反映了他们对大自然的热爱。有关鹰舞的传说是与鹰笛的传说相继出现的，先有鹰笛的传说，可以说有了鹰笛的伴奏，才有了鹰舞。

塔吉克族鹰舞 （多力昆·米那瓦尔摄）

（3）对慕士塔格阿塔的崇拜

塔吉克人的故乡塔什库尔干地区可谓是山的世界，这里的山峰以雄奇、高大著称。世界上著名的喜马拉雅山脉、喀喇昆仑山脉、天山山脉和兴都库什山脉均在此交汇并向四处延伸。因此，人们将这里称为“世界屋脊”。在塔什库尔干地区的群山中最负盛名、最受崇敬的要数慕士塔格阿塔峰。

在塔吉克文化中，有许多有关慕士塔格阿塔峰的神话传说，在这些传说故事中慕士塔格阿塔峰被尊为神，称为“阿塔”并加以虔诚地膜拜。值得提出的是，“慕士塔格阿塔”中的“阿塔”一词并非“父亲”之意，而是表示“庇护者”、“我的主”、“上天”等意思。塔吉克人将“慕士塔格阿塔峰”视为一个神秘而神圣的地方，加以尊崇。

人们每日清晨总会仰望慕士塔格阿塔峰虔诚地祈祷："愿慕士塔格阿塔佑助我们，赐福于我们。"赌誓时以慕士塔格阿塔的名义起誓；有人外出远行，与之道别时说"愿慕士塔格阿塔与你为伴"；诅咒某人时说"愿慕士塔格阿塔惩罚你"。

在塔吉克歌谣、民间柔巴依和谚语中，慕士塔格阿塔亦备受推崇。它始终被视为崇拜对象，虽然这是古代图腾崇拜的遗存，但从没有中断过，而且一直延续到今日。塔吉克人在历史上曾信仰过祆教、佛教和伊斯兰教。这些信仰并未削弱人们对慕士塔格阿塔的崇拜，而是赋予新的色彩和内容，使之更加神秘。那么，塔吉克人为什么会崇拜慕士塔格阿塔呢？这可以从民间传说中寻求答案。塔吉克人流传着十几个有关慕士塔格阿塔峰的传说，如《慕士塔格阿塔的传说》、《慕士塔格阿塔峰和乔戈里峰的传说》、《白衣勇士的传说》等。这些传说虽然带有浓厚的神话色彩，但是也表现了塔吉克人民的美好愿望和理想追求。相传，在远古时代，慕士塔格阿塔并不是冰雪覆盖的地方，而是一个巨大的神苑，是神仙居住的仙境。那时，人间没有花草树木，塔吉克人的先祖鲁斯塔木为造福于民，不畏艰险，闯入仙境，同神鬼妖魔搏斗。最后，他以自己的纯洁坚贞之心感动了伺花女神。伺花女神送给鲁斯塔木两朵神花，鲁斯塔木将仙界之花带回了人间，人间从此有了美丽芬芳的花朵。但是，伺花女神却因此受到天神的严惩，被铁链缚于山巅，她的右眼流淌着喜悦的泪水，这泪水化作一道道清泉流向人间，滋润着大地；左眼则流淌着悲伤的泪水，这泪水凝为晶莹的冰雪，日复一日，年复一年，冰雪覆盖了整个山峰，便成为今日白雪皑皑、雄伟壮丽的慕士塔格阿塔峰。

在这个传说中，通过鲁斯塔木这个形象反映了劳动人民改造自然的顽强毅力。人世间原来没有花草和清泉，而塔吉克英雄鲁斯塔木给人间带来了奇迹。创造奇迹并为之英勇赴死，是古代劳动人民的追求和愿望，鲁斯塔木正是这种愿望的实现者和典型代表。此外，在传说中慕士塔格阿塔被神化到了极点，它擎天柱地。因此，慕士塔格阿塔这一形象，在塔吉克文化中有至高无上的地位，在塔吉克文化的深层形成了慕士塔格阿塔文化，从而成为塔吉克文化的基石。塔吉克民间文学中的许多神话传说、民间故事、歌谣谚语都以慕士塔格阿塔为核心，缺少了慕士塔格阿塔形象就无法理解塔吉克文化的特征和本质。

（4）对神马的崇拜

塔吉克族被称为“鹰的民族”的同时，还被称为“马背上的民族”，这也是有客观依据的。如果从文化学的角度考证塔吉克人和马之间的关系，可以清楚地看到马在塔吉克传统文化中占有至关重要的地位，甚至形成了塔吉克文化中的马文化。

马是塔吉克族生活中不可缺少的交通、生产和娱乐工具，这是塔吉克人生存的生态环境决定的。塔吉克人在婚丧嫁娶、迎来送往、节日庆典等活动中都离不开马。在塔吉克人眼里，马是“人类的左右手”、“人类的恩人”、“战争中的忠实伴侣”、“阿里圣手”、“男人的翅膀”。每一个塔吉克家庭至少要有一匹马，他们非常珍惜马，甚至要在马上挂上护身符，还要为马装饰美丽的马鞍、马鞭等马具，总之，塔吉克人对马有着一种深刻的感情。

马不仅在塔吉克人的物质生活中占有非常重要的作用，而且在精神生活中也有独特的地位。在塔吉克神话传说中，马总是被描绘为忠诚、雄健的化身，它与慕士塔格阿塔、鹰、鲁斯塔木等形象一道成为塔吉克人文化中的四大象征。这从《公主堡的传说》、《大力士鲁斯塔木的神马》和被称为阿里圣人的飞马的《兴干白马的传说》等传说故事中可见一斑。这些传说的内容各不相同，但是均围绕着马与人类之间休戚与共的关系展开。难能可贵的是，每当人遭遇灾难时，马总是挺身而出，牺牲自己，救主人于危难之中。值得注意的是，在塔吉克

神话传说中马始终是正义的化身。鲁斯塔木的马被赋予了人的灵性，鲁斯塔木非常爱惜它，这匹马虽不高大，但是力大无比，它毛色杂、眼如玉，夜里能看清25里远的蚂蚁。它作为鲁斯塔木的忠实伴侣，与主人相依为命，并多次救了主人的命。从比较研究的角度，考察在古代操东伊朗语的塞种人、粟特人、巴克特力亚人、花剌子模人中广泛流传，后成为菲尔多西《王书》中四大悲剧素材的《鲁斯塔木和苏赫拉甫》、《伊拉奇的故事》、《伊斯凡蒂亚尔故事》和《斯亚吾西故事》，不难发现，在这些传说故事中马都是作为人类的恩人和救星出现的。也就是说古代东伊朗部族和塔吉克人对于马的形象具有相同的认识。之所以有这种共同性，是有其深刻的历史和文化背景的，这可以从塔吉克民间神话传说中找到线索。

马形象在塔吉克传统民族艺术中同样具有重要的地位。塔吉克族民族舞蹈主要有鹰舞、剑舞和马舞。鹰舞是通过模仿自由飞翔的雄鹰来表现塔吉克人向往自由生活的愿望，而剑舞和马舞是通过灵活自如的舞姿，展现英勇的塔吉克骑士的高超骑术。这两种舞蹈曾在北京、昆明等城市演出，获得了一等奖。这在一定程度上反映了马在塔吉克艺术中的地位。塔吉克人的传统音乐具有古朴独特的风格，主要乐曲有恰甫索孜、玛依里斯、乌勒乌拉科、艾里开提罗、提姆巴克索孜、索里肯索孜六种。其中提姆巴克索孜和乌勒乌拉科曲主要在叼羊、赛马等活动中演奏，一般由两名妇女敲手鼓，两名男子吹奏鹰笛，乐曲节奏热烈紧张，表现出马群的奔驰和骑手们高超的技艺，因此可以把这两种乐曲视为马术进行曲。

马在塔吉克传统体育活动中发挥着核心作用。塔吉克族传统体育项目很多，其中相当一部分与马有关，在塔吉克族的婚礼、割礼、引水节等节日庆典中都要举行叼羊、赛马、马球、马术表演等活动。挑选参加活动的马是很有讲究的，只有那些高大威武、行动迅捷的马才可以参加。这些马术活动往往与塔吉克民间曲艺共同进行，技艺高超的骑手在民间享有很高的声誉，拥有“马神”、“让马长出翅膀的人”等美誉。

吹鹰笛 （多力昆·米那瓦尔摄）

在塔吉克人的观念中，马是崇高的象征。塔吉克人在日常交往中，将马视为最贵重的礼物而相互赠送。有关马在塔吉克人心目中重要地位的描述，民间流传着各种神话传说，此外还有许多相关文史资料。据《魏书》记载，北魏太延三年（437 年），古代塔吉克人建立的朅盘陀国向北魏派遣使者，进贡良马。古希腊著名历史学家希罗多德（公元前 484～前 425 年）在《历史》一书中，讲到游牧的塞种人时写道：“在诸神中间只崇拜太阳，他们献给太阳的牺牲是马，其理由是：只有人间最快的马才配得上诸神中间最快的太阳。”由此可见，马在塞种人的观念中也是神圣之物。

交友是塔吉克族传统社交习俗，与该习俗相关的礼仪较多，但其

中最隆重的仪式是手捧《古兰经》起誓并互赠一匹好马，以此表示成为生死之交。

塔吉克人的葬礼结束后，家庭主人为了向主持葬礼的宗教人士表示谢意，要送他一匹好马。

马之所以成为塔吉克族最贵重的礼物，并不是因为它的价格，而是取决于它在人们心目中的崇高形象。

（5）对盐的崇拜

塔吉克人将盐看作是最纯净的物质。举行婚礼时，为了祝愿新郎、新娘终身幸福，要让他们吃下一块蘸了盐水的肉。平时还常以盐发誓。如果在别人家住了一段时间，告别时就要对主人说："永远不会忘记你赐予我的盐，你赐予我的盐将成为我的力量。"诅咒恩将仇报的人时说："你会见到盐的（意为盐将惩罚你）。"还将产盐的地方看作是神奇之地。

（6）对奶的崇拜

塔吉克人认为奶是最为纯净和伟大的：母亲的恩情是奉献了洁白的乳汁，而任何人都是由奶汁喂养大的；洁白的奶出自鲜红的血。塔吉克人忌讳泼洒、踩踏奶汁，也不允许买卖奶汁。

（7）"四要素"观念

塔吉克人的原始多神信仰在"四要素"观念中亦有鲜明的表现。在塔吉克人看来，世界是由"阿甫"（水）、"阿太西"（火）、"哈格"（土）、"哈瓦"（空气）这四种要素构成的。因此，人亦是由四要素融合而生的。人的生命在于四要素相互关系的平衡之中，倘若这种平衡遭到破坏，那么人的生命即告结束。

"四要素"观念表现在塔吉克文化的各个方面。塔吉克民间的算命者、占卜者以水、土、气、火来测定人的性格脾气。在塔吉克人看来，土的特性是干、冷和重，因而把脾气呆板、冷漠和持重的人形容为

"土性子"。如某人格外持重，会被认为是"土性太重"。水的自然属性是湿润、清凉，万物靠水生长，故而塔吉克人有"水即繁荣兴盛"的说法，认为脾性如水的人将永世幸福，塔吉克人的谚语"一切生命在于水"也反映了此种观念。气的自然属性是潮热、飘忽不定，因此，脾气变化无常、不信守诺言的人被喻为"浮云"。火的自然属性是灼热、干燥，塔吉克人信奉过拜火教，因此，诵念祈祷词和宗教活动都离不开火，火在拜火教中是光明的象征，但火又有焚毁万物的特点，所以，人若为火性子就不好，火性经常被认为是阴险之为，被看作是阴谋家和灾祸的制造者。这样在塔吉克人的观念中，人按性被分为四类：水性（柔性）、火性（热性）、气性（轻浮、变化不定）、土性（持重、老成）。

（8）色彩观念

千百年来，塔吉克人生活在自然色彩缤纷绚丽的帕米尔高原地区，在这一漫长的历史过程中，他们形成了自己独特的色彩观念。

塔吉克人一般最喜爱红色和白色。他们认为，白色是纯洁的象征，红色是喜庆和幸福的象征。因此，他们认为这两种颜色最美。生活中所有喜庆的事都要使用这两种颜色，如婚礼中新郎、新娘穿红白色的衣服，戒指上要系红白两色的丝带，小伙子的帽子上要缠上红白两色的纱巾。节日里，要向墙上抛撒白色的象征面粉，以示祝福。

在塔吉克人的观念中，黑色和蓝色是愤怒、悲痛、蒙昧的象征，因此，在服丧期间，人们穿黑色或蓝色的衣服，以示自己在服丧，年轻人穿红色显示自己的青春，年老者穿黑色或蓝色以示自己年长。光虽不显纯红，但塔吉克人都将光看作红色。一般还要将漂亮姑娘比作红色或白色，将不怀好意者（不安好心）称作"黑胞"、"黑心"，将善良、仁慈的人称作"白心肠"、"纯心意"的人。黄色则表示柔弱、后悔。绿色则是兴旺、新的象征。塔吉克人用色彩来象征一年四季：春

季为绿，夏季为五彩缤纷，秋为金黄，冬为蓝。

2. 塔吉克族琐罗亚斯德教信仰

塔吉克人在历史上有很长一个时期信仰塔吉克族祖先们创造的琐罗亚斯德教，即拜火教。琐罗亚斯德教是以其创始人扎尔多西图拉（zarathustra，欧罗巴人则叫作 zoroaster，中文音译作琐罗亚斯德，生活于公元前 7～前 6 世纪）名字得名，其名的含义是“黄骆驼”、“像骆驼那样的男子”或“骆驼的驾驭者”。

我国塔吉克先民信仰琐罗亚斯德教的时间尚无定论，只能大概地说，起始于此并向中亚各地传播的时代，在公元前 6～前 5 世纪，直至 2～3 世纪改信佛教为止。

琐罗亚斯德崇拜火，视火为光明和善良的象征，视火为最光明、最纯洁、最伟大之物，故此教又称为拜火教或火教、祆教。

琐罗亚斯德奉行二元论，认为构成世界根本矛盾的两端的斗争是永远延续不息的，一端为善良和光明，另一端为邪恶和黑暗。互为矛盾的两端斗争，集中表现为善良和光明之神阿胡拉·马兹达同恶神安格拉·曼纽之间的尖锐斗争。据说阿胡拉·马兹达是宇宙间光明的撒播者星星构成的人形之神，他的服饰也是闪烁着五光十色的星星，太阳是他的眼睛。无所不能的阿胡拉·马兹达是宇宙的缔造者，照耀世界者，是邪恶势力的克星，是后世审判者中的最高神，他的手下还有许多慈善之神。恶神安格拉·曼纽则身处沙漠，永远生活在黑暗之中，世上的一切邪恶、不幸、疾病、灾难、罪行、恶言、下流行径皆出自他。在光明之神阿胡拉·马兹达同恶神安格拉·曼纽的斗争中，总是以光明之神得胜而告终。

琐罗亚斯德的圣典为《阿维斯陀》。该书于公元前 4 世纪以古代东伊朗语用金字书写于 12 000 张熟牛皮之上，全书 21 卷，35 万字，公元前 330 年在亚历山大马其顿东征时被焚毁，公元前 3 世纪～7 世纪，

塔吉克族鼻祖们建立的中亚安息王朝（公元前 250～226 年）和波斯萨珊王朝（226～602 年）勉强搜集出其中的 1/5，以后整理出版。

《阿维斯陀》的内容极为丰富和复杂，其主要内容为：琐罗亚斯德教创建人琐罗亚斯德的理论、赞颂光明之神阿胡拉·马兹达的颂词、宗教歌谣、宗教信仰标准及原则、宗教仪式、宗教祷词、宗教义务、道德标准及原则、宗教神话传说以及操伊朗语部族的族源及其历史发展等。

关于我国的塔吉克族信奉琐罗亚斯德教的文字记载尚未发现。但是从民间传说和塔吉克现在的生活习俗中不难见到拜火教的遗迹。在长达几千年以来的历史发展中，琐罗亚斯德教及其圣书《阿维斯陀》中的宗教—哲学体系不仅在中亚、西亚和南亚一带广为传播，深入人心，而且在我国塔吉克人中产生过极大的影响。尤其是该教的“善恶二元论”的思想意识和传统文化对我国塔吉克族文化的形成，对塔吉克人性格和民族文化心理的铸造发挥了不可取代的决定性作用。“善恶二元论”的主要内容包括“善恶二元论”对立斗争的宇宙观，亦即这位伊朗第一位先知对世界的本性、形成、发展和结局的总的看法；“七位一体”的善神崇拜，是尊奉阿胡拉·马兹达为善界的至上神，其余六大从神（六大天神，即动物神、火神、金属神、土地神、水神、植物神）则分别代表他的各种优良品质；抑恶扬善的“尘世说”，指明神主马兹达创造的尘世乃是善恶两大势力进行殊死斗争的场所，人类在从善还是趋恶的选择上有充分的自由意志；拯世救人的“三善”原则，亦即做人的三项道德标准，它关系到人死后的亡灵能否得救；善必胜恶的“来世说”，讲述个人灵魂的归宿，尘世的命运和前途，以及善恶二元斗争的最终结局。不言而喻，“善恶二元论”对立斗争的宇宙观，对琐罗亚斯德教说来，具有头等重要的意义，其他的教义学说都是由它生发出来的，或者说，其他的宗教观、道德观和社会观等都是建立

在这种宇宙观基础上的。“大道理”管“小道理”。“善恶二元论”还包括“灵光说”、“灵体说”和“人体内五种潜力说”，即活力、良知、悟性、灵魂和灵体等内容。琐罗亚斯德教神话体系中有三大崇拜系列，即“火”（光）崇拜系列、“水”（雨）崇拜系列和“人体潜力”崇拜系列。其中，除神主马兹达及其六大从神之外，我们又找出七位比较重要的神，即属于“火”（光）崇拜系列的阿扎尔、梅赫尔和法尔，属于“水”（雨）崇拜系列的阿娜希塔和蒂什塔尔，属于“人体潜力”崇拜系列的法尔瓦尔丁和丁。① 这七位比较重要的神中，光明与誓约之神梅赫尔、圣火之神阿扎尔、江河女神阿娜希塔和雨神蒂什塔尔，是前琐罗亚斯德时期崇奉的自然神，或兼有社会属性的自然神；而灵光神法尔，灵体神法尔瓦尔丁和良知神丁，则是在原始宗教观念的基础上由祭司文人加工制造出来的新神，他们均与神主阿胡拉·马兹达发生直接的关系，并且与传说中和历史上中亚和伊朗诸帝王英雄有着密切的关联，反映出神人精神相互沟通的神秘宗教观念。

具体地讲，我们把塔吉克民间文学的《公主堡的传说》中太阳神所生的子嗣看作朅盘陀国国王之后代，说明他们特别信奉火和太阳。塔吉克人特别尊崇光和火，认为人一出生，其额头的一侧即为光所据，一侧为教唆人的魔所持。人一生中所作所为中的善事均为光指引正道的结果，恶行均为魔教唆的结果。男人优于女子，是因为他们的额头上有“洁净之光”的缘故。所以猛兽（例如狼）看到男孩子，尽管他很小，仍然惧怕不敢近前。迪弗·神道也害怕男孩头上的洁净之光。不仅如此，由于尊崇光，他们在食用之物中尤以白的奶和白面为贵。在过传统节日“努鲁孜”（新年）时，房屋被打扫干净之后，墙上要撒一些白面粉，作为幸福和吉祥的象征。尊崇光和火的习俗已渗透到我

① ［伊朗］票利尔·杜斯特哈赫选编，元文琪译．阿维斯塔——琐罗亚斯德教圣书．商务印书馆，2005：534.

国塔吉克人生活的各个方面。比如，巴拉提节点皮里克（意为“煤芯”）和篝火，殡葬时举行“灯祭”仪式，并点火驱鬼神，用咒符治病等。巴拉提节前一天的晚上，每个家庭都要按人头备双份油烛，并点燃，全家人均须环绕燃烧的油烛静坐。其中一人诵经文，祈祷之后，每个成员轮流在火上烤手，用手摸脸三次。这些结束后，各家均在屋顶上燃火把，人们燃起篝火并从火上跨过。据说，巴拉提月的14日的夜晚，天界的大门将要敞开，真主安拉将显露其面容。所以这个夜晚点燃油烛，点亮火把，燃起篝火是为了让人们生活得幸福、免受妖魔鬼怪的迫害、摆脱伊不里斯的诱惑、消除种种灾祸。只有在熊熊燃烧的火中，才有消除这些灾祸的一种神秘的力量。在巴拉提节日的夜晚（巴拉提月的15日）各家还要为先辈亡故者每人准备一支“皮里克”（油烛），带到坟地点燃，这是为了祝愿死者的亡灵在冥界生活在光明之中。人死后下葬的当天晚上，要在死者的家中举行“燃灯仪式”，用为此仪式而宰杀的羊的油蘸上棉花做成油烛点燃。仪式由海力派主持，诵读《灯经》。一般参加这种仪式的是伊斯玛仪教派的信徒。诵读《灯经》以后，所有参加仪式的人都要在火上烤手，并摸脸三次。据民间信仰解释说：“灯祭”有两个作用：一是为了清洁屋子；二是为了照亮死者冥界的道路。因为人死后其灵魂不会立即去冥界，仍然在尸体周围，尸体周围被看作是妖魔鬼怪的聚处，停尸体屋里有鬼怪。所以，出殡以后需要点灯驱鬼。点上灯诵念祈祷，鬼怪便会害怕而弃屋出逃。人们在燃烧的灯火上烤手抚面是为了把附在自己身上的鬼怪借助火的神威赶走。塔吉克人三天内不在停尸入殓的屋子里进食。只是在“灯祭”之后，此屋子才被认为是洁净的，方可在此进食。下葬三天后才筑坟头。这种习俗也可能是琐罗亚斯德的后世观念的遗痕。琐罗亚斯德教认为，人死后三日之内，灵魂还不离开尸体，人死后三天内不在停尸的屋里进食和三天之内不筑坟头均属此观念的反映。尽管对此人

们并不能解释得一清二楚，但经过比较仍可弄清楚。三天“灯祭”之后，灵魂便会离开尸身，去冥界。灯可照亮灵魂去冥界的路途。

雪山下的塔吉克族坟墓　（军工厂摄）

此外，点香也是塔吉克人日常生活中十分普遍的一种习俗。比如，人们新迁一地，迈进新屋时；给死者诵读经典时；或做其他许多事时；牲畜有病瘟发生时，家里染上疫病时，遇到不顺之事时，点香是很常见的。香是用白面在油中炒制的，每家都有一小袋子用来装制作好的香。这是借面粉的神力来消灾的一种表现。人们患病时，过去由于没有医生，缺少药品，许多人靠毛拉念咒画符治病。毛拉在纸上一面写上经文，患者将此纸片放在火上烤，用冒起的青烟熏烤。塔吉克人称之为“杜迪”。这又与火有关。简言之，从我国塔吉克人习俗的多方面可以看到古代琐罗亚斯德教的影响。这些习俗未能保持千百年来的原貌，尽管已发生了许多变化，尽管对它们进行了适合伊斯兰教义的解释，这种影响仍未完全消失。

3. 塔吉克族先民佛教信仰

佛教是塔吉克族先民——朅盘陀国人的国教。他们所信奉的是小乘佛教，建有寺院10余所，有僧人500多人。《大唐西域记》朅盘陀国记载，朅盘陀国人“敬崇佛法，伽蓝十余所，僧徒五百余人，习学小乘教说一切有部”。

3世纪时，无忧王为国王时，北印度旦叉始罗国有一位名僧童受，传说他“幼而颖悟，早离俗尘，游心典籍，栖神玄旨，日诵经三万二千言，兼书三万二千字”，他“立正法，摧邪见，高论清举，无难不酬”。他著有数十部经典，是创立经量部的大师。他与东印度的马鸣、南印度的提婆、西印度的龙猛并列为“四日照世”。无忧王闻其盛德，于是兴兵动众征伐旦叉始罗国，胁迫号称“四日照世”之一的高僧童受迁居朅盘陀国传教，并让出自己的宫殿以建寺院。所建寺院“台阁高广，佛像威严”。[①] 这些充分说明当时的朅盘陀人十分敬奉佛教。后来，随着伊斯兰教的传入，佛教被逐渐取代。由于多种原因，其佛教文献也未能流传下来。但从一些民间文学作品中，如《秦公主的传说》、《巴扎尔达西提》等，我们仍可以看到一些与佛教文化有关的蛛丝马迹。

4. 伊斯兰教伊斯玛仪派信仰

（1）伊斯玛仪教派的产生与传入

现在我国塔吉克族普遍信仰伊斯兰教，但他们所信仰的是伊斯兰教两大派（逊尼派与什叶派）中什叶派的重要支派——伊斯玛仪派。这一点上，我国塔吉克族不但与我国信仰伊斯兰教的维吾尔族、回族、哈萨克族、柯尔克孜族、乌孜别克族有所区别，而且与平原塔吉克也是有所区别的。

---

① ［唐］玄奘，辩机原著，季羡林等校注．大唐西域记校注．中华书局，1985：983、987.

我国塔吉克族是我国穆斯林民族中最早皈依伊斯兰教的民族之一，因为伊斯兰教是先从中亚地区经帕米尔高原传入新疆南部的。10世纪末，塔吉克人霍加、艾布、纳赛尔、萨曼、尼经帕米尔来喀什噶尔传播伊斯兰教，吸收喀喇汗王朝苏图克·布拉格汗加入伊斯兰教，从此，伊斯兰教遂在南疆开始传播。根据这一历史事实可以推测，我国塔吉克族皈依伊斯兰教是在10世纪末之前，或者说最迟也在10世纪末。

我国塔吉克人在何时、何故皈依伊斯玛仪派这个问题，根据民间传说和调查来看，与塔吉克族的思想家、诗人和伊斯玛仪派哲学家纳塞尔·霍斯鲁（1003～1088年）来帕米尔高原地区传播伊斯玛仪派学说是有密切的关系。

纳塞尔·霍斯鲁出生于今塔吉克斯坦的喀布迪亚，在阿富汗古代文化名城巴尔赫长大成人。年幼时就读于经文学堂，以后他涉猎许多学科，成为一个学识渊博的学者，赢得了人们的尊重。因为他的学识和才华受到器重，被请入塞尔柱王宫任秘书官之职。长期的宫廷生活，使他认识到统治阶级的本质，感到自己在王宫中是虚度年华。43岁时他毅然离开王宫，开始了苦修者的生涯。

伊斯玛仪派产生于8世纪下半叶阿拉伯哈里发帝国，因该派信徒崇奉什叶派第六代伊玛目加法尔·萨迪格之长子伊斯玛仪，故得名。该派只承认七位可见的伊玛目，所以又有七伊玛目派之称。

伊斯玛仪派是伊斯兰教什叶派的一个主要支派。在同正统派逊尼派和什叶派的十二伊玛目派的斗争中，该派的达伊“传教士”们接受了古希腊哲学，并使之适合于伊斯兰教，创造出一套相当复杂的宗教哲学。我们在探究伊斯玛仪派的发展过程中，发现这种哲学在宇宙观、历史观和认识论方面，有着独具一格的特点。在阿拉伯哈里发帝国境内意识形态领域里，它颇有影响。对保存古希腊文化也有积极贡献。甚至到现代，它在印度、叙利亚和黎巴嫩以及我国新疆的该派信徒中，仍然具有一定作用。因此，有必要对这种宗教哲学加以探讨研究。

伊斯玛仪派以其与注经学相矛盾的宇宙观和认识论组成了一种哲学理论，它不仅包含伊斯兰教哲学说的精华，更重要的是超越了它，吸收了袄教、基督教、佛教的部分哲学思想以及古希腊哲学和以伊本·西那为代表的中世纪塔吉克—波斯哲学观点，形成了非常复杂和神秘的哲学理论。中世纪波斯和中亚文化史上出现的著名哲学家、诗人和作家伊本·西那、鲁达其、曼苏尔·海拉吉、海山·萨巴赫、鲁米、纳塞尔·霍斯鲁等人都是伊斯玛仪派的拥护者和宣传者。正像马克思所指出的那样："伊斯玛仪派是在印度、波斯的思想意识对伊斯兰教的影响下形成的。"①

（2）伊斯玛仪派哲学思想及其对我国塔吉克族的影响

宇宙观。伊斯玛仪派哲学的基石是它的宇宙流出说。这个理论最初是由达伊·奈撒菲提出的，在奈撒菲的宇宙学中，主要谈的是关于安拉本性和宇宙形成问题。

伊斯玛仪派的宇宙流出说在回答意识对存在、思维对物质的关系这一哲学的根本问题时，是唯心主义的，它主张意识、精神是第一性的，而物质、自然界是派生的，第二性的。不过，它使用的不是哲学术语而是宗教名词。它的出发点是承认安拉存在，世界上的万物由安拉流出，因此，它属于客观唯心主义。

历史观。历史周期循环论也是伊斯玛仪派哲学思想的重要组成部分，它的主要内容是以神秘的数字七为形式把人类历史分为七个循环周期。在该派的历史周期循环论形成过程中，他们对神秘的数字七的信仰，以及毕达哥拉斯学说的数论和佛教的轮回学说起了重要作用。

但该派的历史周期循环论是典型的唯心史观。

---

① 马克思、恩格斯卷宗（第5卷）.（俄文版）.127页.引自阿布都许库尔著.法拉贝及其哲学体系（维吾尔文）.新疆人民出版社，1985：174.

知识问题。伊斯玛仪派在知识问题上有自己的一套学说。按照该派的观点，所谓“知识”指的是《古兰经》的隐意。他们认为《古兰经》具有明意和隐意，而隐意被明意掩蔽，唯有该派达伊才能晓知，他们能够用譬喻、暗示和象征的方法解释它。正因如此，正统派逊尼派才称该派为内学派，或里面派，或暗示派。

不管该派如何解释《古兰经》隐意，但都离不开纳提格、瓦西、伊玛目、火者，甚至划分《古兰经》章数，也严格遵照“二个先知之间有七个伊玛目”的信条。这个事实说明，他们是想以《古兰经》为依据，论证该派教义是安拉制定的，是伊斯兰教经书中早已载明的，是神圣不可侵犯的，是为了使该派在信仰《古兰经》这个根本问题上，在所谓宗教权威性上，能立于不败之地。与此同时，他们也可以解释《古兰经》隐意为理由，肆意发挥，利用《古兰经》做出更多有利于自身利益的解释，并使它们具有更大的神秘性和迷惑性。

以上从三个方面（即宇宙观、历史观、知识问题）探讨伊斯玛仪派的哲学思想，通过简单剖析可知，该派的哲学思想是典型的唯心主义，不过它有其特点，主要有两点：一是和宗教相结合，它披着伊斯兰教外衣，同时带有基督教异端诺斯替教派和佛教色彩；二是和古希腊哲学相结合，它主要吸收了新柏拉图主义和毕达哥拉斯学说的数论。

二、开天辟地的神话故事

在塔吉克文学宝库中，民间文学占有十分重要的位置。纵观中国塔吉克文学发展的历史，民间文学推演变化的一条线贯穿始终，成为整个塔吉克文学的核心和生命。中世纪塔吉克文学繁荣时期涌现出的一大批诗人、作家，无一不是从塔吉克民间文学的土壤中汲取营养，借鉴创作方法和寻找创作题材的。直至今日，口头创作、口头流传仍然是不少民间歌手们创作和传播他们作品的主要方法。

塔吉克人居住在几大文化交汇的地带，这里语言种类多，文化类型复杂，拜火教、摩尼教、佛教、伊斯兰教交替兴盛，因而，塔吉克民间文学中积淀有多种文化成分。在塔吉克人丰富的神话传说、民间故事以及民间叙事长诗和民歌中，隐约可见古代塔吉克先民精神生活的轨迹，例如，在与鹰有关的神话传说中，可以看到鹰图腾崇拜的遗存；在与鲁斯塔木有关的一系列传说中，可以看到塔吉克文学与波斯文学之间密不可分的关系；在《造人的神话》和《太阳的神话》中，又可看到浓厚的伊斯兰文化色彩；在《公主堡的传说》、《勇敢的秦公主》等传说故事中，还可看到古时中原地区与帕米尔地区文化上的“血缘”关系。除此之外，塔吉克民间还流传着大量的谚语、寓言和笑话。

我国塔吉克民间文学，按照民间的分类，大体上可分为“soug”（赛吾格，即故事）和“beyt”（比依特，即诗体或诗典）两大类。“赛吾格”（故事）的内涵和外延非常广泛。从体裁角度看，它包括现代意义的所有散文体，也就是说包括“af sa na”（艾辅莎那，即神话），“raw a yat”（热瓦亚特，即传说），“soug”（赛吾格，即故事），“ma sal”（麦塞勒，即寓言），“mas xa ra”（麦斯合拉，即笑语）和“vi gak”（维格克，即谜语）等。“beyt”（诗体）的内涵十分丰富，范围非常广泛，它实际上包括现代民间文学理论分类的所有诗体，从体裁角度划分可分为“ga zal”（伽扎勒诗歌，即抒情诗），“rub u yi”（柔巴依，即四行诗），“qa su yid”（卡苏依德诗歌，即宗教歌或颂歌），“mas na wi”（玛斯纳维诗歌，即两行诗或自由诗歌）和“tal xin”（台勒肯诗歌，即哀歌）等。根据“beyt”（诗体）的思想内容及所使用的场合可分为劳动歌谣、风俗歌谣、爱情歌谣、哀歌、颂歌、宗教仪式歌等。

神话是人类幼年时代的产物。塔吉克神话就是远古时代塔吉克人关于自然现象和社会现象看法的历史记录。

塔吉克民间神话内容极其丰富，社会历史背景极为广阔。在塔吉克古代文学资料异常匮乏的情况下，塔吉克民间神话在塔吉克历史文化的研究中发挥了非常重要的作用，是研究古代帕米尔高原地区社会发展史和塔吉克族宗教、哲学、艺术、文学以及民俗等领域的宝贵材料。塔吉克族民间神话中有这样几个特点：①融汇了历史上不同类型的各种文化，内容异常丰富。在塔吉克民间神话中我们不仅可以看到波斯—塔吉克文化，还可以看到中亚原始文化、拜火教文化、中原汉文化、伊斯兰文化与波斯—中亚塔吉克文化交织融汇于一炉的画面。②鲜明的鹰文化特色。在塔吉克人有关鹰的诸多传说中，鹰总是在塔吉克人危难之时帮助塔吉克人。至今，塔吉克人仍崇敬鹰，将用鹰翅骨制成的鹰笛视为神圣之物。塔吉克族的民间舞蹈实质上就是一种“鹰舞”。③鲜明的慕士塔格（即冰山）特色。大部分塔吉克民间神话都紧紧围绕慕士塔格展开其故事情节。在塔吉克人的观念中，慕士塔格不仅是一座闻名于世的冰山，它还是一尊超自然之神，一尊主宰一切的神。④格外淳朴、高尚的风格。晶莹洁白的慕士塔格冰山陶冶着塔吉克人的情操，塔吉克人自古民风淳厚，路不拾遗，人人相敬如宾。由他们所创造、所传承的神话传说，自然也就带有他们本身所具有的淳朴、高尚的特点。

传说是塔吉克民间文学中除了歌谣和民间故事以外所占比例较大、流传较广的体裁。

塔吉克民间传说从其内容可分为四类：一是古代英雄传说；二是关于地名的传说；三是关于某物来源的传说；四是有关古代各民族之间关系的传说。其中，有关慕士塔格冰山的传说、有关鹰笛的传说、有关英雄鲁斯塔木的传说以及有关马的传说，在整个塔吉克民间传说中占据非常重要的位置。这四种传说体系不仅流传至今，而且它已浸润到塔吉克族人民的生活和心灵深处，成为塔吉克民族的重要精神财富。不了解这些传说，就不可能深入了解塔吉克族人民，也不可能深入了解塔吉克民族的文化发展史。

塔吉克鹰舞　（祁恩芝摄）

塔吉克族民间故事内容丰富，情节曲折，语言优美动人，流传十分广泛。从故事所描写的主要事件以及讲述对象来看，可以分为幻想故事、生活故事、动物故事、儿童故事、爱情故事、神怪故事等。有的故事很有民族特色和地域特色，如在幻想故事《水晶石》中，就反映出了帕米尔高原的群山峻岭中多有各种矿藏珍宝这样一个事实。在《牧民的女儿》中，慈祥且有神力的老人是黄羊之王。在《穆西包来英·卡曼》这则故事中，神奇勇士卡曼为羊之子，其母有神异乳汁，有起死回生之神力。这类形象反映出了塔吉克文化中的畜牧文化特色。在一些故事中，还折射出历史事件斑驳陆离的色彩，如著名的亚历山大大帝也成为故事《盛不浦的小金杯》中的主人公形象（塔吉克人将亚历山大称为伊斯堪德尔），这个故事的性质与人物传说完全不同。在

《巴胡都尔和孜力娜》这则故事中，有一个坐落在群山之中，十分缺水的王国，在邻国的帮助下，他们开山引水，最后在神人的帮助下，他们的家园长出了粗大的果木。这类故事所反映出的生活背景与塔吉克人的生活背景基本是一致的。

民歌是塔吉克族民间文学的一个重要分支。流传至今的民歌有的反映了社会生活和风俗民情，有的歌颂纯洁的爱情。总之，内容丰富，形式多样。塔吉克族民歌按照其内容主要可分为以下几类：

劳动歌。如反映塔吉克族农业生产的《打场歌》，反映牧业生产的《牧人之歌》和《挤奶歌》等。

风俗歌。包括婚礼习俗歌、葬礼习俗歌、问候礼仪歌等几类。

情歌。情歌是民歌的主要部分。

时政歌。这类民歌控诉了统治阶级对穷人的压榨，有的民歌还旗帜鲜明地表现了反抗阶级压迫的战斗精神。

新民歌。这类民歌产生于中华人民共和国成立之后，主要内容为歌唱新生活，歌唱新时代，歌唱共产党的好领导。

塔吉克族传统诗歌主要形式可以归纳为以下几类：

格则勒，根据其内容和形式，可译为抒情诗。一般不少于 7 个对句，不多于 15 个对句。隔行押韵，一韵到底，中间不变韵。抒情诗的韵律与颂体诗（卡斯达）相同。即从第二个对句开始，每句的尾韵依各对句的尾韵。塔吉克民间抒情诗创作得很优美，具有流畅如泉，意境如画，饱含哲理，隽永深邃的特点。

珍珠恋着清泉水，
夜莺盼着红玫瑰；
情人啊，
我终日都在盼着你，

哪怕洪水灭顶也不后悔。

在塔吉克民族文学诗歌史上，创作抒情诗的诗人特别多，但他们当中，把塔吉克—波斯的抒情诗提到高峰、给世人留下永久性影响的就是鲁达基、萨迪和哈菲兹。尤其是哈菲兹的抒情诗震撼了欧罗巴。德国大诗人歌德对哈菲兹特别崇拜，并模仿哈菲兹写了不少的抒情诗。

我国当代塔吉克族诗人伊萨克·阿扎热、莫尼·塔毕勒迪等创作了很多的抒情诗，硕果累累，并在民间留下了深刻的影响。

柔巴依，也叫作鲁拜，就其内容而言，它是哲理诗；就其形式而言，它是四行诗。柔巴依是我国塔吉克族传统文学诗歌的主要形式之一。据初步统计，在我国塔吉克民间文学约有1000首柔巴依，其中有300首柔巴依是从塔吉克语翻译成维吾尔语、汉语并发表在各类刊物上，受到读者的一致好评。

祖国的土地就像所罗门王的宝座，
在埃及做帝王时的豪华，
祖国的每棵树都像紫罗兰的花朵，
优素福也远远比不上故乡穷窝里的恩泽。
班迪尔是乐土，是最好的家园，
奇丽的花园中，流水又清又甜。
她富庶、繁荣，就像克什米尔，
我在这里多欢乐，从来没有哀怨。

在国外，塔吉克——波斯大诗人欧码尔·海亚姆，是柔巴依的著名创作者，被世界文坛史上称为“柔巴依之父”。

卡斯德，可译为颂体诗，从内容而言它是宗教歌或颂歌，其主题

主要是歌颂神、穆罕默德以及阿里等。

神啊，我向你祷告祈求，
给我力量吧，让我胜利。
我祈求健康，祈求力量，
我祈求天养，祈求神气，
我愿在乡里众人眼中，
百事如愿，万事如意，
让我的敌人时时败走。

玛斯纳维，专用于叙事，因此译为叙事诗，每两行为一个单位，两行上下协韵，因此，也称作两行诗。塔吉克民族文学史上的大诗人菲尔多西的史诗《列王纪》、内扎米的《五卷诗》、贾米的《七卷诗》，以及其他许多诗人的叙事诗都是运用了玛纳斯维的诗体形式。在我国塔吉克文学中，优秀诗歌作品也同样运用玛纳斯维的诗体形式。如《尼格尔与麦吉侬》、《五兄弟》、《勇敢的秦公主》等。总而言之，凡是写史诗、长诗等长篇叙事诗，基本运用玛纳斯维的诗体形式，因为这种上下两行协韵的方式韵脚变化灵活，便于创作长篇叙事诗。

台勒肯，也叫作哀歌，是我国塔吉克族民歌中的一个特殊的形式之一。

哀歌是丧礼上专由妇女唱的民歌。塔吉克山村中一家有丧，差不多全村的男女均要到丧主家大声哭丧。丧主家的女亲戚均要围坐在塔吉克人的阑干屋（三根柱的大屋子）的上座上，头搭蓝、绿、黑色的头巾，将死者生前的事迹和品格直接编成唱词边哭边唱。其他来吊丧的妇女则抓着丧主女亲戚的手，合着哀歌陪哭。这种哀歌多为两句一节，句末的词相互成韵。当主唱人（丧主的亲戚）唱后一句时，陪哭者则跟着重复这后一句，一起哭唱。哀歌如泣如诉，深深感动前来吊丧的人。但是，这种哀歌没有固定的歌词，各位哭丧者将死者的生平及品格的不同方面直接编成哀歌，其他人合着唱末一句，这时，主哭者还可以由在场妇女轮流充当。这样一来，各人所编的唱词各不相同。

除此之外，塔吉克族歌谣中，还有一些歌谣形式，如劳动歌谣（打场歌、挤奶歌、牧人之歌）、习俗歌谣（婚礼歌、摇篮歌、问候歌）等。

三、鹰笛、鹰舞

历史上，塔吉克族人民创造了丰富多彩的民间艺术。这些民间艺术是塔吉克族人民智慧的结晶，并且吸收了许多兄弟民族文化的精华。它们表达了人们爱憎分明的感情，反映了人民的生活。

1. 音乐

我国塔吉克族属高山塔吉克的一支，高山塔吉克的乐器、音乐作品和音乐活动方式与平原塔吉克是有区别的。高山塔吉克的音乐保持着极其古朴独特的风格，而平原塔吉克则与乌孜别克族在音乐文化上有许多共同点。高山塔吉克音乐形态的一般特点：音域窄，使用半音阶，最后一个音节拖得特别长，节奏自由，经常采用 7 韵步 4 行诗的形式，在艾介克和冬不拉的演奏中常采用不平行四度进行。

塔吉克族歌曲大都为山歌体，有固定的韵律，多数为 7 声音阶。节拍大多为 2/4、4/4、5/8、6/8、7/8、5/4、3/4 和混合拍。歌谱一般很短，一段歌谱常配有好几段歌词，反复演唱。曲调大多分为上下两句，又常在下句的前半句或后半句变化几个音，以示结尾。曲调种类很多，人们常用旧调配制新词演唱。演唱形式以接唱、对唱为主，并常用伴唱，独唱较少。伴唱者大都重复领唱的句子，以加强气氛、突出主题。如在婚礼或宴席中的麦西来甫上，歌唱者往往自己奏手鼓

和热瓦甫；有时舞蹈中亦歌唱，这时另有人伴奏。平时歌唱往往在山上，有男女对唱或男声对唱。

我国塔吉克族乐曲主要有以下几种：

恰甫索孜：即歌舞曲。此种曲调在塔吉克歌曲中极为常见，亦用来为舞蹈伴奏。

玛伊里斯：即弹唱曲。在举办麦西来甫、举行婚礼或为妇女舞蹈伴奏时使用。

提姆巴克索孜、乌勒—乌拉科克、君尼—吉盖尔：这几种曲调同为叼羊曲，在举办叼羊、赛马时使用。其中有两位妇女敲奏手鼓，两位男子吹奏鹰笛，乐曲节奏热烈紧张，表现出马群的奔腾竞争和骑手们高超的技艺，因此可以说是塔吉克民间叼羊、赛马进行曲。

蒙一扎尔和凯苏伊德：即哀悼曲和宗教乐曲，这类乐曲主要在丧葬仪式中表达哀悼之情，或在举办宗教活动时使用，并在不同场合用不同的乐器演奏，有时还伴有舞蹈。

2. 鹰舞

中国塔吉克民族民间舞蹈又称为鹰舞，有一点需要说明，其他民族亦有模仿鹰的动作的舞蹈，但不同的是，塔吉克人将鹰的动作概括为一种基本舞姿，以此来表现各种题材，而其他民族模仿鹰的动作的舞蹈只是纯粹地表现鹰的生活。由此亦可看到鹰在塔吉克文化中的独特地位。

中国塔吉克族的鹰舞用的都是7/8、9/8的节奏，舞蹈的一些基本动作是“双手上下摆动”、“反背手”，步法上是“后跟着地”、“上屈抬腿”、“碎踩步”等。“鹰翅臂”、“半鹰翅臂”、“鹰翅后臂”（这几个词是由塔吉克语直译过来的），由这几个民间舞蹈术语不难看出塔吉克族舞蹈与鹰有着非常密切的关系。

塔吉克族的鹰舞姿势健美，风格纯朴。男子的舞姿为两臂一前一后，前臂较高，后臂较低，步法矫健灵活。动作慢时，两肩微微上下弹动，显示出激动的心情和豪迈的性格；急时，盘旋俯仰如鹰起隼落，最为刚强有力。妇女舞蹈时，双手随鼓声在头上部向里、向外旋转，动作比男子柔和，亦很矫健，女子的舞步与男子相同，步子可以根据音乐的节奏随意变化。伴奏一般只用手鼓和鹰笛两种乐器，当众人舞至高潮时，不断插入许多口哨、击掌和欢呼的声音，气氛更加热烈欢快。

总地来说，鹰舞动作十分优美，节奏感很强，给人一种鼓舞和力量。两臂平展，似鹰在飞翔。时而两臂一高一低，时而一前一后，像鹰在盘旋；时而双手收缩朝后，双脚迈着矫健的舞步，又像鹰的俯冲。而妇女的舞姿较柔和而富有诗意，她们的双手时而在头上挥舞，时而展开双臂上下摆动，时而又围绕男性一起“飞翔”，舞姿多变，优美动人。鹰舞除了用双臂展示鹰翅之外，还用头、颈、眼睛、腰和双脚随着音乐相互配合，变化万千，犹如“鹰”在和人共舞，表现得和谐而富有情趣。

3. 乐器

鹰笛是最具塔吉克民族特色的一种乐器，用鹰翅骨制成，长约20厘米，上端直径约2厘米，下端直径约1厘米。下部开有3个笛孔，笛孔孔径为1.5厘米，中空，没有嘴子，竖着吹奏，音色细而高。一般一对笛同时吹奏，一人奏主旋律，另一人加调装饰。常用手鼓伴奏，音色清越，远及数里。新疆维吾尔自治区博物馆曾在巴楚脱库孜沙拉伊发现有鹰翅所制鹰笛残片，经研究，认定它与现在塔吉克人的鹰笛完全一样。关于鹰笛，塔吉克民间流传着十多种传说。

达卜，即手鼓，塔吉克族打击乐器。鼓的一种。由鼓框、铁环、鼓面等组成，扁圆柱形。鼓框用沙枣木或杏木制成，直径35～50厘米不等，将马驹皮或羊羔皮用树枝和木钉固定在框内侧。框内置许多小

铁环。演奏时两手执鼓边，左右手指交替拍击鼓面。主要用作塔吉克族歌舞伴奏和器乐合奏。

手鼓在塔吉克族艺术生活中占有重要地位。手鼓的形成和制作使用的材料和维吾尔族的手鼓相同，但手鼓的抓执和演奏法不同，尤其是塔吉克妇女敲奏的方法更具民族特色：一般由两位妇女同时演奏，一个掌握主要节奏，另一个则通过各种不同的节奏给予配合。这样，再通过高低强弱的变化，形式变化多样而又节奏统一。

手鼓在塔吉克语叫作达卜，塔吉克人中至今流传着达卜的传说。

除此之外，塔吉克族传统乐器还有芦笛、热瓦甫、赛塔尔、不拉尔孜卡姆等。

小伙子吹起鹰笛，姑娘敲起手鼓 （周游摄）

在塔什库尔干塔吉克自治县塔合曼乡南边的坦给山谷谷口的一座小山上，有一座长十几米、宽五六米的陵墓，塔吉克人崇敬地称其为

"鲁斯塔木之墓"。这座墓，面向雄伟的慕士塔格，墓下流淌着清澈的雪水。传说，英雄鲁斯塔木身经百战，屡建奇功，战胜黑暗势力之后，他也上了年纪，便打算在慕士塔格怀抱中度过余生。一日，他登上这座小山，虔诚地向慕士塔格顶礼膜拜，然后慢慢伸展肢体躺下与世长辞。民众都为这位举世无双的英雄的去世而流下了悲痛的眼泪。按照英雄的心愿，人们将他葬在这座小山上。从此，当人们经过这里时，都要虔诚地对之祈祷，以求这位英雄神灵的佑助。

四、神奇的民间疗法

塔吉克族民间医药历史悠久，内容丰富多彩，相关传说、故事也比较多。

炙烧疗法是塔吉克族民间传统医术之一。据说可治疗浮肿、创伤、岔气、关节炎、腰腿痛等多种疾病。使用该疗法者主要是毛拉和一些有这方面经验的人。疗法如下：先将纱布卷好，然后祈祷；祈祷毕，将纱布卷竖放于患处或穴位处，再将纱布卷点燃，让其从上往下慢慢燃烧。纱布烧完，也随之烧掉一层皮肤。日后，炙烧处将化脓、流黄水。不久患者即可痊愈。

驱邪符是塔吉克族民间宗教性医术之一。病人将病情告知毛拉，毛拉将几句祈福祛邪的话写于纸上，然后将其折叠并用漂亮的布包好，装在患者身上，或用线缝在衣服上。这种驱邪符的作用，一为预防，二为治疗。人们认为它可以辟邪，还可预防受惊、难产、昏厥、瘫痪、不孕等疾病。驱邪符还可与其他宗教疗法一同使用。驱邪符不仅用于人，也用于牲畜。许多塔吉克人脖子上、腰上挂有驱邪符，甚至马、骆驼、羊等牲畜亦然。驱邪符又分暂时性的和永久性的两种，永久性的驱邪符须臾不可离身。

以温泉治病。塔什库尔干塔吉克自治县境内温泉比较多，形成了

丰富的地热资源。经初步勘测，有利用价值的温泉有：洋布拉克温泉（72℃）、马尔洋温泉（62℃）、达布达尔喀拉吉里尕温泉（57℃）、热斯坎木温泉群以及塔合曼温泉等。塔吉克人民很久以来就一直在利用这些温泉。

在塔什库尔干的温泉中最负盛名的是塔合曼温泉，其温度达80℃以上，有两口泉眼，流量达每秒2升，日流量200吨以上。塔合曼温泉富含磷、硫、钠、钙、锰、银、硼等23种矿物质元素，可用来取暖、洗浴和治病。据科学分析测定，塔合曼温泉中含有对人体有益的12种元素，对关节炎、不孕不育、关节肿痛、妇科病、皮肤病、糖尿病、高血压、高血脂等多种疾病均有疗效。

植物药材。塔什库尔干的植物药材资源比较丰富，有帕米尔雪莲、紫草、麻黄、骆驼莲、锁阳、党参、当归、青兰、库鲁木特草等。其中高原库鲁木特草是非常珍贵的药材。塔什库尔干塔吉克自治县属干旱气候，适合库鲁木特生长，种植成活率高，主要用于高血压、冠心病、脑血栓等病的治疗。

塔什库尔干塔吉克自治县还有高原紫草，全县14个乡镇都有较好的紫草生长环境，该草药可用于哮喘、咳嗽、糖尿病等病的治疗。

塔什库尔干塔吉克自治县气候干旱少雨，属高原干旱沙漠气候，全县境内琐阳遍生，易成活，种植开发前景喜人。主要适用于生血、壮阳、健脾。

此外，在塔什库尔干塔吉克自治县还有高原雪莲。雪莲生长在4000米以上雪域高原，种植成活率高，生长速度快，对治疗妇科疾病、风湿类疾病、活血化瘀等有奇效。

塔什库尔干塔吉克自治县位于帕米尔原东部，属高原干旱气候，适合麻黄草的旱生和耐严寒、抗干旱特点，县域内麻黄草遍布2.5万平方公里，生长快，长势十分喜人，产量非常可观。

麻黄草属多年生的灌木，品种分为木贼麻黄、兰麻黄和中麻黄三种，以木贼麻黄为主，是右旋麻黄素的主要成分。

目前，塔什库尔干塔吉克自治县人民政府将塔吉克族传统烫疗技艺作为非物质文化遗产，申请、申报工作已顺利完成。

五、牦牛叼羊和赛牦牛

我国塔吉克族的传统体育竞技活动是在古代葱岭（帕米尔高原）的生活生态环境和古丝绸之路人文环境的基础上形成和发展的。其形式各种各样，内容丰富多彩，这里我们只简单地介绍其中的一部分，即马背上的民间体育活动和赛牦牛活动。

1. 塔吉克族的叼羊

我国塔吉克族在婚礼、剪发礼、割礼、引水节等喜庆的日子里，一般要举行叼羊活动，这时候，男女老少，观者如云，吹笛击鼓、唱歌跳舞，为骑手们助兴。

骑马叼羊是男子的体育竞技活动。叼羊过程中不允许有争执、伤人伤马等情况出现。

塔吉克人在叼羊比赛时还要进行奖励，这在塔吉克语中称作“派太”。奖品根据叼羊的规模、叼羊活动组织者的经济情况来决定。一般在比赛开始时奖品为笔、毛巾等小物件，在叼羊进入高潮时奖品就是表、服装、衣料等较贵重的物品了。

2. 塔吉克族的赛马

塔吉克人的赛马和叼羊一样，也是在操办喜事或逢年过节时举行。短距离的赛马不甚隆重，赛程远的赛马很隆重，获胜者是有奖品的。用来参赛的马匹是精选出来的，并且要单独喂养。若参加赛程 10 公里的赛马，那马匹在半年前就要选好，这段时间里，要使马匹养精蓄锐。赛程远的比赛奖品有骆驼、马、牦牛、牛、羊、钟表、彩电等大小牲

畜和物品，据说，还曾有过奖赏元宝的。

大型赛马在塔什库尔干每10年举办1次。

3. 骑马射击

塔吉克人一般是这样进行骑马射击的：在七八米高的老树干上摆上装满水的茶碗和茶壶，射击者从远处驱马而来，边跑边射击，如能击中，那么他将得到众人的奖赏。旧时，骑马射击一般是在操办婚礼喜事时举行。新中国成立后，这项活动和民兵训练结合在了一起。这项活动现在也是每10年专门举办1次。

4. 跑马拾银元

其规则如下：在地上挖一深15～20厘米的小坑，坑内放入银元，骑手们一个个急速驱马跑过小坑，从飞奔的马上俯身伸手捡拾银元，谁能捡到银元，不但银元归他所有，还要另外给予奖赏。

爱马的姑娘　（多力昆·米那瓦尔摄）

5. 塔吉克族的马球

马球，是当今世界上最古老的体育项目之一，史书称马球为“毛丸”或“击鞠”。

马球是木质的，一种是用当地的一种树根（塔吉克语叫“托合”，一种灌木的根茎）做成，这种树根呈圆形，根茎直径有20多厘米，用刀削成圆形，直径有17～18厘米。这种球比较结实，一般打不坏。另一种球是用毡子缝制的，里面要放碎毡片、碎布，中间要放一些干羊粪蛋，这样球就会有弹性。这种球的直径在20厘米左右，比木质球稍大。球棍有两种，一般长1米左右，直径约10厘米，上端呈圆形，下端有突出部分，呈“J”字形，手握的地方圆滑，也较细。双方的马球运动员没有专门的服装，而是在头上系彩色头巾来区别。一般一方系红色头巾，而另一方则系白色的头巾（塔吉克族认为，红、白两色都是吉祥的颜色，白色代表纯洁、远大，红色代表吉祥、喜庆）来区别双方的队员。双方上场的运动员人数没有统一的规定，一般是每队6～12人，每一个队都代表一个家族或是一个部落进行比赛。参加人数多时，一般有四个裁判，两个主裁判、两个副裁判，参加人数少时，只有两个裁判，一主一副。裁判身上有标记，一般挂有布条，裁判可骑马在场上流动裁决。场地一般长180米、宽90米（也有比这个小的），中间有一条直线区别两个阵营，比赛时间一般是每场半小时，分上下两场。双方进球的地方不设网，而是有一个直径约50厘米、深50厘米的坑，把球打进对方的坑里为胜。双方都设一名持棍守门员。在比赛中也有一些规则，如不准用球棍打马、打人或是拽人，三次违纪要罚下场，比赛途中可以换人等。参加比赛的马匹都打扮得十分漂亮，在马的鬃上和尾上都系着红色的布条，显得十分喜庆。这种活动在过去大都是有钱人家玩的，如“阿英拜衣格”（首领、头目、贵族）之类的人，一般的群众是玩不了的。据说，1932～1938年，英国驻喀什办曾在塔什库尔干石头城这个地方玩过马球。

打马球要选择体格健壮的温顺马，不要赛马，也不要烈性马，烈

性的赛马虽然可以追上马球，但往往会跑过头而失去球，打马球既要拼勇敢，又要拼技巧和智慧，是一项很有趣的运动。

6. 塔吉克人的赛牦牛、骑牦牛叼羊

赛牦牛是最具有塔吉克民族特色的体育竞技活动。通常在操办喜事或逢年过节时举行。比赛方法与赛马相似，但距离较短，最长的也不超过 3000 米，以先到终点者为胜。大规模赛牦牛的获胜者将获得马、牦牛、牛、羊、钟表、布料等奖品。获奖名次的多寡要根据参加比赛的牦牛数量来决定，而奖品多少也依此确定。

骑牦牛叼羊也是只有在塔什库尔干塔吉克自治县才能见到的一种体育竞技。牦牛虽然比马跑得慢，但比马凶悍，难以驯服。所以，骑牦牛叼羊便增加了难度，更具观赏性。

除上述体育竞技活动外，塔吉克人还有以石击靶、翻筋斗、摔跤、抢甩子、踢毽子、赛跑、跳远、跳高、单腿跳、打秋千等多种体育活动项目。

六、塔吉克族麻扎崇拜

1. “麻扎”一词的由来

“麻扎”一词本是阿拉伯语词汇，意为“圣徒墓”、“伟人们的墓地”、“贤哲们的冢”等。从《维吾尔语详解词典》的解释可得知，“麻扎”是波斯语借词，其含义是：①埋葬死者的墓地、坟头、坟冢等。如“骆驼不管麻扎（风马牛不相及）、尿多的不管毡子（随心所欲）”（谚语）。②引申意义有破落、衰落之意，特指无人之处。如“有孩子的家是巴扎、没孩子的家是麻扎”（谚语，意为有孩子的家很热闹、没孩子的家很冷清）。“麻扎和显贵”是指麻扎和葬于其中的显贵，如“我是一个如此了不起的巫师，到哪里都会访问麻扎显贵和圣贤们”。显而易见，维语中的“麻扎”一词具有多种意思。

塔吉克语中的"麻扎"一词具有更复杂的意义和内容。塔吉克族的麻扎、麻扎朝拜等事宜与阿拉伯人不同，与维吾尔族也有一定的差别。一般情况下，下列这些地方被称为麻扎。

高原上的麻扎　（多力昆·米那瓦尔摄）

第一，在传播伊斯兰教过程中贡献巨大的毛拉们（宗教人士）、圣贤们的墓地被称为麻扎。如塔什库尔干塔吉克自治县的赛依提·艾山麻扎。据说，作为圣人穆罕默德后裔的乌买尔·艾米孜有三个儿子，这三个儿子来到了帕米尔高原的塔什库尔干传播伊斯兰教，死后就被埋葬在这里。赛依提·艾山就是其中之一。赛依提·艾山麻扎位于塔什库尔干塔吉克自治县的达布达尔乡，麻扎北部的山也是以这位圣贤的名字命名的。麻扎由石头堆成的坟冢和保护坟冢的围墙两部分组成。石头堆成的坟冢呈南北走向，长 4 米，宽 2.5 米，高 1.4 米。在石堆上摆放着许多山羊、黄羊的角及一个马头骨。在有些山羊、黄羊角上还系有白色布条（灵幡）。坟墓的周围是石头砌成的围墙，高为 1.6 米，宽分别为 5.4 米和 4.8 米，总长 6 米，厚度为 0.7 米。在墙的西

边开有一个洞，这就算是麻扎的进出口。麻扎的四周成为后人们的公共坟地。塔什库尔干塔吉克自治县库孜洪村也有一个艾米尔比尼·艾米孜麻扎，这个麻扎的形状结构都和以上所提到的那个麻扎相似，据说，艾米尔比尼·艾米孜也是同赛依提·艾山等人一起来到塔什库尔干山区传教的贤哲。这个麻扎还被称为“白都吾孜·扎曼麻扎”。

第二，塔吉克人还将本民族历史上的一些英雄、勇士的埋葬之地视为麻扎，最典型的是“库尔察克麻扎”。库尔察克是塔吉克族近代历史上一位著名的民族英雄，原名叫作“依达也提”，因为从小就被卖为奴隶，因此又叫作“库尔察克”（即小奴隶）。这个名字可以说陪伴了他一生。库尔察克在1831～1836年任塔什库尔干区阿齐木伯克期间，领导塔吉克人民反对外国侵略者，谱写了一首英雄的赞歌。据说，库尔察克当色勒库尔五品阿奇木伯克的时候，浩罕汗派出大批军队再次侵犯塔什库尔干。敌人占领了塔合曼村，把村子两面的树木全烧了，他们派人给库尔察克送信，对他进行威胁。库尔察克看了信后非常气愤，厉声对送信人说：“色勒库尔从来就是中国的土地，我们世世代代住在这里，什么时候成了浩罕的地方？你们快滚回去！只要我活着，你们就休想占领我们的土地。”他带领民众，与入侵者战斗。一天夜里，他们偷袭了敌营，赶走了敌人二百多匹马。第二天敌人出来找马时，他们又打死了五十多个敌人。此后，他又带领军民，多次击退敌人的进攻，还夺回了被抢去的牛羊。两年后，侵略者又来攻打色勒库尔，他们用大炮轰开城门，战斗十分激烈。库尔察克边打边退，退至瓦尔西德村时，敌人将他包围了，要他投降。部下劝他：“你赶快突围吧，我们掩护你。”但库尔察克不愿丢下自己的同胞一人逃命，为了表示自己以死殉国的决心，他把自己的盔甲留给别人，冲向敌阵。据说，后来侵略者将库尔察克的头带回去献给浩罕汗，浩罕汗大怒说：“你们都是废物，我要的是活的库尔察克！”塔吉克人民含着泪水，将英雄的遗体埋葬在塔什库尔干提孜那甫乡，后来这里逐渐成为村里的公共墓地。尽管这样，这个麻扎仍然保留着英雄库尔察克的名字。

第三，塔吉克族还将一些本民族历史上名望人士的坟墓、陵墓叫作麻扎。最典型的有塔什库尔干塔吉克自治县提孜那甫乡曲西曼村的“阿勒齐麻扎”。“阿勒齐”在塔吉克语中意为“第三”。据说，这里曾生活着40个兄弟，其中的“老三”是一位提倡教育、热爱人民的开明之士，在人们中间享有很高的威望。这位“老三”去世后，人们就将他埋葬在了“阿勒齐麻扎”的位置上，后来这里就成为一个有名的麻扎。在塔什库尔干塔吉克自治县瓦尔西地村古代石头城的旁边有一个“白都吾孜·扎曼麻扎”（另一个名字为夏赫艾吾力亚麻扎，即神仙之王麻扎），班迪尔乡兴地村的乌买尔麦依迪·凯力甫麻扎，大同乡的巴麻菲利外力麻扎和巴麻菲利穆加拉提麻扎等也是同等性质的麻扎。

第四，比较特殊的一种情况就是，即使不是埋葬圣贤、英雄们的坟墓，但有某种“神圣的物体”，这种地方也被视为麻扎而受到朝拜。这一情况在塔什库尔干的各个乡村都可以找出例子，而且，塔什库尔干塔吉克自治县境内近一半的麻扎都是这种性质的。就拿塔什库尔干塔吉克自治县瓦尔西地村的“祁拉格当麻扎（圣火）”来说，这个麻扎没有坟冢，但据说在这所由石头和羊角堆成的麻扎里，到了晚上就会有一盏灯（这盏灯也是石头的）燃起“神圣的火光”。这种现象在南疆的和田也有，如和田的“克赫马里穆麻扎”（波斯语意为蛇山麻扎）。据说，这座山上有许多拥有神力的蛇，人们因为觉得特别的神秘，所以在那里修建了麻扎。冯承均翻译的《马可·波罗行记》中就有这样的记载：“昔日法显玄奘所至之佛教遗迹，今皆为回教贤圣之坟墓所据。为回教徒巡礼之所。”

2. 塔什库尔干地区的麻扎及其传说故事

如果问塔什库尔干什么多？答案绝对是麻扎。塔什库尔干塔吉克

自治县初步被定为重点保护的文化遗产有记录的有 111 处之多，其中的一处（古代石头城）是国家级重点保护文化遗产，四处（吉日尕勒旧石器文化遗址、香宝宝古墓群、公主堡、石头城）是自治区重点保护文化遗产，其他的 106 处是县重点保护的文化遗产。在这 111 处文化遗址中古代的麻扎就很多。而关于这些麻扎的历史背景，也流传着许多神话故事、民间故事、成语谚语等。诚然，这些麻扎文化遗产及相关的传说早已成为塔吉克文化艺术重要的组成部分，这其中蕴含了塔吉克族在自然、社会以及人生方面的哲理与宗教信仰。因此，研究、保护这些麻扎文化自然就显得非常重要。

塔什库尔干塔吉克自治县的石头城　（林春茂摄）

我们曾在塔什库尔干塔吉克自治县提孜那甫乡专门进行过一次调查，结果显示仅仅在这一个乡就有十几个古老的麻扎，最有趣的就是在提孜那甫乡的四个角上就分别有四个麻扎。

塔什库尔干塔吉克自治县的每个麻扎都有一些相关的故事传说，

而且，这些故事传说都非常有价值。在这里我们来关注一下“奇里堂麻扎”背后的故事：塔什库尔干塔吉克自治县境内有好几个“奇里堂麻扎”，喀什的莎车县也有以此为名的麻扎。“奇里堂”其实是一个波斯语词汇，表示“四十个躯体”或“四十条命”，有关这个故事是这样的：负责保卫穆罕默德圣人的一名叫夏赫巴依的人，为了传播伊斯兰教从阿拉伯半岛来到东方。他的一生都用来传播伊斯兰教，但是自己却一无所有甚至没有儿女。一天，他们夫妻俩向安拉祷告，祈求安拉赐给他们子嗣。万能的安拉动了恻隐之心，使他们同时成为40个孩子的父母。在塔吉克语中40是“奇里”，子女是“堂”，“奇里堂”（40个子女）就是这样产生的。再回到这40个子女的命运上来：孩子们长大以后都继承了父业继续传播伊斯兰教，当他们来到现在的莎车时，一个名叫米尔扎·阿巴拜克热伯克的将他们抓起并下令投入火中。这40个人在篝火中被烧了一天一夜却毫发无损，米尔扎·阿巴拜克热伯克看到后震惊之余，决定即刻皈依伊斯兰教，并开始敬仰这40个兄弟，支持他们的传教事业。后来这40个兄弟去各处传教，名叫巴麻菲利穆加拉提的沿着叶尔羌河一路传教来到了现在塔什库尔干塔吉克自治县大同乡下蓝盖力，去世后就被埋葬在了那里，他的墓地被称为“巴麻菲利穆加拉提麻扎”，他生前插在那里的一只手杖也长成了一棵参天大树。另一人来到了塔什库尔干塔吉克自治县提孜那甫乡曲西曼村，还有一人来到了蓝盖力村，后来都被安葬在了这些地方，因此这两个地方都有“奇里堂麻扎”。在古代莎车—塔什库尔干的商路上也有名叫“奇里供拜”的驿站，这个名字也表示“四十个供拜”，据说，这个“奇里供拜”（四十供拜）也与“奇里麻扎”有联系。

关于塔什库尔干的“艾米尔比尼·艾米扎麻扎”、“白都吾孜·扎曼麻扎”、“赛依提·艾山麻扎”、“乌买尔·麦依迪麻扎”，在塔吉克民族中流传着各种各样的传说故事。据说，艾米尔比尼·艾米扎和白都

吾孜·扎曼本来是穆圣的叔叔沙伊夫·库让的儿子，他们跟随赛依提·艾山和乌买尔·麦依迪来到塔什库尔干和一些周边地区传教，却不幸在圣战中牺牲。他们的遗体分别被葬在现在的麻扎种羊场、库孜洪村、瓦尔西地村和兴地村。因此在这些地方就有了以这些圣贤们的名字所命名的麻扎，而有关于这些麻扎的故事也被流传了下来。

在塔什库尔干塔吉克自治县境内的麻扎中，位于大同乡下蓝盖力村泽拉甫香河畔的“巴麻菲利穆加拉提麻扎”比较具有神秘色彩。麻扎的供拜是由掺着黑羊的油的泥砌起的，麻扎占地约30平方米，有四面墙，门朝阳，周围竖立着许多长木杆，在麻扎的门前有圣人留下的三样遗物：变成石头的靴子、驼峰和马鞍子。据说，靴子是这位圣人生前所穿过的，驼峰是圣哲生前所骑骆驼的，马鞍则是圣哲生前所骑马的鞍子。麻扎的门很小，只容一个人出入。麻扎里有座坟冢，就是圣人巴麻菲利穆加拉提的墓，墓的上方开有一扇天窗，周围放有一个扫皮热（皮制的餐布）、一支拐杖和一面幡旗，墓的前面还有一个石头的灯台和一个铁皮的灯台，朝拜者们前来朝拜时会用羊油将两盏灯台点着。麻扎里还有灶台和两口锅，朝拜者们会用这些锅煮糊糊吃，据说，吃了锅里的糊糊就可以远离疾病和灾难。

巴麻菲利穆加拉提还有一个兄弟，叫作巴麻菲利外力，他也是在塔什库尔干塔吉克自治县大同乡的上蓝盖力村去世的，因此在那个村也有一个“巴麻菲利外力麻扎”，麻扎的结构、后事的物品、相关的传说等几乎都与“巴麻菲利穆加拉提麻扎”相同。

3. 塔吉克族的麻扎朝拜

我国的塔吉克族普遍都是伊斯兰教什叶派伊斯玛仪派的信奉者，朝拜麻扎就是伊斯玛仪派一项重要的宗教仪式，虔诚的伊斯玛仪教徒们为了纪念自己教派中的显赫人物，修建了神圣的“参观麻扎”，使它们变成了人们定期或不定期朝拜的地方。

总地来看，塔吉克族的麻扎朝拜有四种形式：

其一，位于塔什库尔干泽拉甫香河（意为金子的河流）河畔大同乡的“巴麻菲利外力麻扎”和“巴麻菲利穆加拉提麻扎”中的旗帜被视为圣物，故这里每年秋天有“游旗”活动，即举着旗帜走街串巷，走到哪里，那里的人们便对旗帜顶礼膜拜，还会献上一些祭物，这称为“本地朝拜”。举旗游乡的人被称为“旗手”。以前“游旗”是每年必有的活动，现在则不然。

其二，如果家里有人患重病或遇到了意外灾难，家里人就会宰杀牲畜，去附近的麻扎祈求神灵护佑、以求禳灾。假如遇到了自然灾害，村里的人们就会来到麻扎念经祈祷、施舍钱财。这种朝拜没有时间限制，还被称为“过乃孜尔”。

其三，人们出门在外经过一些麻扎时，都会下马朝拜，还会施舍一些财物。因为路边的麻扎多，行人也很多，所以这种朝拜非常普遍。如果是乘坐汽车的人们，则会在麻扎前停下车来念经祈祷、施舍财物，之后才继续行驶。

其四，在塔吉克族中有一个在春季举办的“祖吾尔节”（意为引水的节日），因为这也是为春耕做的一种准备，因此从性质上讲也可以称为生产节日。在节日这一天，塔吉克人在米热巴（在塔吉克语中为水艾米尔或水苏丹）的带领下骑马来到水的源头参加凿冰、修建水渠、疏通水渠的劳动，当水被引入水渠后，人们又聚集到“赛吾孜普希特麻扎”先诵经进行朝拜，然后摆开餐桌开始互相品尝炭火烧烤的馕。而负责看管麻扎的人家则会宰杀牲畜款待人们。接下来就是往河坝引水，小孩子们还会互相泼水嬉戏玩耍。这个节日还会举行叼羊、赛马的活动。引水节时朝拜麻扎的主要意思就是，使人们聚集在一起诵经朝拜，共同祈求这一年能够风调雨顺、五谷丰登，这一天整个村子都会沉浸在节日的气氛中。最吸引人的就是每年举办一次的这个节日

（一般是在肖公巴哈尔节/迎春节前一个星期举办），人们在凿冰引水劳动、麻扎朝拜、赛马叼羊等活动中，相互团结与合作的精神体现得是那么完美，从而形成了一种使人陶醉的人文景象。从这一景象中既可以感受到自然生态环境，又可以看到人类那种与生态环境相适宜的物质和精神活动，简而言之，就是自然与人类相融合的那种关系。这也正是塔吉克文化所具有的特点。也正是因为这个原因，塔吉克族的“祖吾尔节日”（引水节）已被列入国家一级非物质文化遗产名录，国家将这一民族的节日视为民族文化的重要组成部分。

4. 塔吉克麻扎的象征和形象艺术

塔吉克地区麻扎里的坟冢一般有三种样式，正常死亡者的坟墓没有什么特别之处，是用普通的泥土砌起的，叫作普通坟墓。另一种是早逝的年轻人的坟墓，一般被砌成四方形，先上一层普通的泥，再涂一层白色，坟头做成马鞍形状并涂成红色，这被称为马鞍形状的墓。因为在塔吉克族看来“马是人类忠实的伙伴和朋友”、“马是男人的翅膀”。第三种情况就是一些声名显赫的人士、圣贤伟人们去世后，人们为了纪念他们就修建华丽的陵墓和供拜，并在陵墓和供拜的内墙上绘制一些能够反映死者生前活动、兴趣爱好等内容的象征壁画，即飞翔的天马、奔跑的羚羊、射手的猎狗、狩猎的弓箭、牛羊、器皿、花草、各种动物的角以及各类服饰等，这些壁画的周围还绘有各种精美的纹饰。色彩丰富的壁画和精美的纹饰使本来就阴沉的陵墓、供拜更增添了几分神秘色彩。但是，唯一的条件就是严禁绘制人的形象。这种现象在新疆其他穆斯林民族的麻扎中没有出现，因此，这对于研究塔吉克民族的艺术和审美观是非常珍贵的资料。

关于塔吉克族的麻扎朝拜还有许多的礼节、忌讳、阐释、劝诫、警言、谚语和奇异的传说等，限于篇幅，就此停笔。

七、神秘的数字“7”及其含义

1. 数字概说

数字与我们的生活息息相关，但是人们对数字的认识却不尽相同：有人认为数字来源于自然；有的认为来源于人类观察和认识客观世界的行为；有的认为来源于人们对物质世界的认识和经验。总之，数字是表示客观事物和现象的数量、体积和顺序的概念。同时，数字在自然科学领域具有十分重要的作用。21 世纪堪称数字时代，我们的生活一刻也离不开数字，从这个意义上来说，数字构成了我们的生命和生活。

数字除了表达数量的概念外，还可表现人们的思想观念和喜好选择。有趣的是，数字本无好坏之分，但人们却赋予其褒贬之色彩，于是，一些数字成为人们喜爱的吉祥数，而一些数则成为人们忌讳使用的数字，古今中外，无不如此。

2. 神秘的数字——“7”

塔吉克人的哲学思想集中表现在其世界观、认识论和历史观上。而世界是如何形成的？这一问题又是塔吉克人哲学思想的核心，通过有关创世的形形色色的神话传说，可以看到两类问题：其一，安拉的本质，其二，世界的形成。从对安拉本质的描述中可以看到，安拉没有一定的形象，安拉是超乎人类想象的。安拉根据自己的意愿创造了智慧，这是生命最初的本原，由智慧生出了灵魂，再由灵魂生出了 7 颗行星。这 7 颗行星能够运转，从而又形成了土壤、水和空气等物质。继而逐渐出现了植物，再后来又出现了生物，其中包括人类。也就是说，首先智慧和灵魂的出现代表着精神世界，其次由精神世界产生了物质世界。从数字“7”的观点看，世界的构成经历了 7 个阶段：安拉—精神世界—行星—最初物质—空间—时间—地球—人类世界。

数字“7”在塔吉克语中被称作“heft”，在塔吉克语中，由“heft”组成的词语比较多，其意义大多与自然、社会和认识有关。例如，“heftiqlim”（意为七重天）、“hefte”（意为星期）等。据塔吉克传说，安拉用6天时间创造了世界，第七天休息，从此7天为一星期。塔吉克人认为天为7层，地也为7层。天堂分7级，地狱也分为7级。“firdevs”位于7重天的最高层，是最高级的天堂。名著《王书》的作者古典诗人艾布卡斯木·费尔多西的笔名即为“firdevs”。

人是世界的重要组成部分，据塔吉克人的宇宙观，人体被分为“heft kezine”（即脑、心、胃、肺、肝、肾和胆）、“heft endam”（即头、胸、腹、左手、右手、左腿和右腿）。“heft ether”则指天上的七颗星。由此可知，在塔吉克人的哲学观念中，数字“7”占有十分重要的地位。

3. 数字“7”与塔吉克人的宗教信仰

塔吉克人是中亚和中国新疆非常古老的民族。他们在漫长的历史进程中，先后信仰过原始宗教、佛教、琐罗亚斯德教和伊斯兰教。在这些不同的宗教信仰中，数字“7”都扮演着重要的角色。我国的塔吉克族信仰伊斯兰教什叶派伊斯玛仪教派，伊斯玛仪教派有其独特的哲学思想和教规，其中历史时代循环说最具代表性，根据这一学说，人类历史分为7个不同的循环时代，每一时代都会有一位预言家出现。圣人有7位，他们是亚当、易卜拉欣、努海（即诺亚）、穆萨、艾萨（即耶稣）、穆罕默德和伊斯玛仪。这些圣人在世时都有一位亲密的追随者，他们负责传播和解释圣人的学说。

我国的塔吉克族信仰伊斯玛仪教派，因此，该教派的有关“7”的观念毫无疑问会影响塔吉克人的精神世界，与原本就有的对数字“7”的崇拜掺杂在一起，形成了内容繁杂的数字观念。例如，塔吉克人将七代以内者算作亲缘关系，这一范围之外者被视为非亲属。此外，塔吉克人崇尚数字“7”的观念还反映在其语言中，塔吉克语中有许多包含数字“7”的熟语，这从一定意义上反映了塔吉克人的数字观念，例如，“想过7遍后再开口”、“渠水翻滚7次就会干净”、“七叩头”等。

4. 数字”7”与塔吉克族的风俗习惯

塔吉克人有着迷人的风土人情，丰富多彩的民俗文化，这历来成为人们关注的焦点。一个民族的风土人情、行为准则和道德标准，与其哲学观点结合得越紧密，其文化也就越神秘、越能引人注目。

我们从文化学的角度观察塔吉克人社会生活中的衣食住行、红白喜事、迎来送往、待人接物等方面的民俗事项，就会清楚地看到数字“7”观念的印记。塔吉克族有一种传统民居，被称作“栏杆房”。据传说，这种房屋是著名的塔吉克古典诗人、伊斯玛仪派哲学家纳赛尔·霍斯鲁（1003～1088年）设计的。这种房十分宽敞，塔吉克人的红白喜事均在其中举行。该房的结构具有特殊的含义，其中央部分长宽均为7米，房屋结构由两根大梁和五根柱子构成，“7”意指七位圣人、七位预言家和七位伊玛目。而“5”代表五圣人，即穆罕默德、阿里、法蒂玛、伊玛目哈桑本阿里和伊玛目胡塞音本阿里。伊斯玛依教派认为他们同属一个家族，称他们为“pen teni”。塔吉克族有一本经书，被称作“heftijek”，其意为“七分之一”，即《古兰经》的七分之一，也就是说，把《古兰经》中重要的章节汇编成书，使其成为宗教知识的入门读物。

我们再看看数字“7”在塔吉克族的丧葬习俗中的表现。在塔吉克族的社会生活中，葬礼场面庄严而又肃穆，它既反映了伊斯兰教伊斯玛仪派的教规，又保留了琐罗亚斯德教的痕迹，还有古老传统习俗的影响，因此其内容和形式十分庞杂。塔吉克族有一种丧葬习俗被称作“heft nezir”（意为“七祭”），这一天人们主要为亡人修砌坟墓。塔吉克族一般人去世7天后为其砌坟头，根据死者年龄、性别地位和经济

情况的不同，坟墓形状也有所不同，一般正常死亡者的坟头为方形，上面只用普通泥抹一遍即可，而非正常死亡者的坟为马鞍形，其表面先用普通泥抹一遍，然后再抹一层白粉，其头部要染成红色。

我们再看看数字“7”在节日中的表现，塔吉克族的传统节日较多，主要有宗教节日（如古尔邦节和肉孜节等）、民族传统节日（如肖公巴哈尔节、诺如孜节和皮里克节）、生产节日（祖乌尔节、播种节等）三类。这些节日或者反映了塔吉克族远古的习俗、对自然和生活的看法，或者反映了塔吉克族的宗教信仰和宗教活动。这些节日中或多或少都有数字“7”的印记。例如，在肖公巴哈尔节有一条规矩，即“hefte sin”，其中“heft”在塔吉克语中是7的意思，而“sin”代表7种以sin这个音为词首的食品的名称。一般常见的7种食品为“sebze”（麦苗或者一般绿色蔬菜）、“samanov”（加入麦苗汁的甜面食）、“seneded”（沙枣）、“somaq”（一种植物）、“sijir”（蒜）、“sumbul”（缬草）和“sirke”（食醋）等。除此之外，还要摆放7种具有象征意义的物品，它们是：古兰经、彩蜡、红鱼、彩蛋、各色花、各种瓜果和羊羔肉。

5. 数字“7”与塔吉克文学艺术

数字“7”在塔吉克文学艺术中也有其表现形式。被誉为古代塔吉克族社会和文化的镜子的塔吉克民间神话传说，根据主题内容可分为关于自然现象的神话、关于社会现象的神话和关于英雄人物的神话三类。其中关于英雄人物的神话传说就像一部连续剧，内容十分丰富。关于英雄鲁斯坦木的传说最为有趣、动人，内容也最为丰富。鲁斯坦木神话是塔吉克神话中的核心部分，有趣的是，鲁斯坦木共有七难，他的经历被称为“七大经历”。这七次经历指的是：越过戈壁荒滩找到泉水的经历，与龙搏斗多次最终战胜的经历，消灭貌似天仙的女巫的经历，与两个犄角的妖怪大战七天七夜最终战胜的经历，战胜白魔的经历，战胜洪水灾难的经历，最后是帮助人类摆脱苦难、获得幸福的经历。

相传，在塔吉克人的加木西德时代，有一位名叫萨木的英雄。他身经百战，战胜了所有的敌手之后，回到故乡，如意完婚。一日，其妻生下一个浑身白毛的孩子，夫妻俩认为这是魔鬼作祟，就将孩子扔到一座荒山上。一只神鸟救了这孩子，并给他起名叫达斯坦（意为“受骗的”）。在神鸟的养育下，孩子健康地成长。一日，萨木梦见了自己的儿子，他马上起身，将梦说与妻子，并上山找到儿子，将他带了回来，给他起名为扎勒（意为“痛苦”）。光阴荏苒，扎勒很快长成一个英俊漂亮的青年。一次，他去城里，结识了黑暗势力一伙的祖哈克家族中名叫鲁碧代的姑娘，然后他们结了婚。婚后鲁碧代生下一子，这孩子格外健壮，且仪表非凡。他就是赫赫有名的鲁斯塔木。鲁斯塔木小时因用棍子打死雄狮而名扬天下。此后，他得了一匹名叫则克西的骏马。这是一匹神奇的马，在以后的鏖战中，它成为鲁斯塔木的好伙伴，多次在危难中救了他的性命。鲁斯塔木在与黑暗势力的斗争中，终于成为塔吉克神话传说中最伟大的英雄。

在塔什库尔干的提孜那甫迪亚尔和塔合曼两山之间，有一条狭长的山谷，塔吉克人称其为“坦给”（意为“狭长的山谷”）。慕士塔格清纯的雪水正是出自塔合曼草原，然后蜿蜒流经这条山谷，再由北向南汇入滔滔的塔什库尔干河。坦给山谷南边的谷口有一眼著名而又神奇的清泉，人们称其为“鲁斯塔木泉”。相传，英雄鲁斯塔木战胜所有的敌手，来到此处后非常口渴，却没有水喝。他歇息了一会儿，然后伸出手指，用力向下扎去，当他抽出手指时，这里马上便出现了一眼清凉的泉水。为了纪念英雄鲁斯塔木，人们将此泉称作“鲁斯塔木泉”。有时，人们也将其称作“神泉”。

当英雄鲁斯塔木消灭了大地上的各种邪恶势力之后，黑暗魔鬼和光明之神还在天空中激战。由于它们的厮杀，雨雪冰雹、浓雾大风不

断，太阳被挡住了，人们享受不到阳光，深受饥寒交迫之苦，再也无法忍受下去。英雄鲁斯塔木见此情景，挺身而出，他拿起自己的巨弓向天上走去，加入了光明与黑暗的激战。40个昼夜之后，天上的邪恶势力也被消灭干净了。这时，云开雾散，阳光重新普照大地。恰好这时，鲁斯塔木那张巨弓也在天上显露出来。地上的人们看到这只横在空中的巨大美丽的弓，便一起向举世无双的英雄鲁斯塔木欢呼致敬。直到现在，塔吉克人还将雨后的彩虹称作“鲁斯塔木之弓”。

在塔什库尔干塔吉克自治县塔合曼乡南边的坦给山谷谷口的一座小山上，有一座长十几米、宽五六米的陵墓，塔吉克人崇敬地称其为“鲁斯塔木之墓”。这座墓，面向雄伟的慕士塔格，墓下流淌着清澈的雪水。传说，英雄鲁斯塔木身经百战，屡建奇功，战胜黑暗势力之后，他也上了年纪，便打算在慕士塔格怀抱中度过余生。一日，他登上这座小山，虔诚地向慕士塔格顶礼膜拜，然后慢慢伸展肢体躺下与世长辞。民众都为这位举世无双的英雄的去世而流下了悲痛的眼泪。按照英雄的心愿，人们将他葬在这座小山上。从此，当人们经过这里时，都要虔诚地对之祈祷，以求这位英雄神灵的佑助。

费尔多西的《王书》有三个与“7”有关的描写，一是有关鲁斯坦木七次经历的描写，这和民间故事中的基本相似。二是伊斯凡迪亚尔的七种胆略。三是七对恋人的故事，包括《扎里与鲁达拜》、《毕简与麦尼杰》、《霍斯鲁帕尔维孜与西林》、《莱莉与麦基依》、《鲁斯坦木与太米乃》、《斯亚务西与素达拜》和《百合热木与迪里阿热木》等，这些故事一千多年来脍炙人口，广泛流传于伊朗、中亚、南亚、新疆等地，成为爱情故事的蓝本和题材库。波斯塔吉克思想家诗人尼扎米（1140～1203年）在这些爱情故事的基础上创作了闻名世界的五卷诗，成为五卷诗之鼻祖。他的五卷诗中有一部达斯坦名为“heft pejker”（意思为：七朵花或七颗星，有人译作“七星图”），这也是数字“7”

的象征意义在其作品中的反映，该作品取材于《王书》，根据百合热木古尔王的故事创作。尼扎米通过百合热木古尔王这一形象表达了自己的社会政治思想和治国方略。达斯坦的主人公是古波斯国的国王百合热木古尔王，他从小受过良好的教育，通过刻苦努力，掌握了多种语言。由于他智勇双全，最终战胜恶势力登上了王位。他借鉴历任国王的经验教训，制定出了治国的良策。但是，有一天百合热木古尔王在一个古堡看到了 7 个美女的塑像，他激动万分，决定从世界的 7 方找来 7 个美女做妃子。为此他还修建了 7 座豪华的塔楼，各住一个美女。这些美女分别来自波斯、秦、拜占庭、东非、印度、花喇子密和斯拉夫。百合热木古尔王轮流每天夜宿在一个塔楼里，并听美女为其讲一个故事。他在这种荒淫无度的生活中遗忘了国事。一天，百合热木古尔王与大臣们去打猎时，看到一个牧羊人正在吊死一只狗，他觉得很好奇，于是就问牧羊人为何如此。牧羊人回答："现在狗和狼串通一气，因此要处死它。"百合热木古尔王听了牧羊人的话突然醒悟，觉得自己受了大臣的迷惑，沉迷于女色，使国家到了灭亡的边缘。他立即返回宫殿，将迷惑自己的 7 个大臣就像牧羊人吊死狗那样吊死了，然后指出当国王容易，但是当好国王确实不易。最后他下旨，将自己曾经行乐的 7 座塔楼改为袄教的殿堂。而他自己进入一个洞窟，从此消失。

诗人通过这个有趣的故事表达了自己向往成为公正爱民的国王的愿望的同时，又巧妙地处理了国王和普通百姓之间的关系。后来塔吉克诗人阿不都热合曼·加米（1414～1492 年）和维吾尔—乌孜别克诗人艾利希尔·纳瓦伊模仿尼扎米创作了达斯坦"七星图"。

塔吉克古代传说是由鲁斯坦木传、伊斯凡迪亚尔传、斯亚吾西传和铁匠阔瓦传构成的一个系统。几千年以来，塔吉克古代民间传说成为古典五卷诗、达斯坦叙事诗、麦斯乃维诗、格则勒诗的重要材料来

源。其中伊斯凡迪亚尔传中突出了伊斯凡迪亚尔的7个英勇事迹：一是伊斯凡迪亚尔杀死两只狼的事迹；二是伊斯凡迪亚尔杀死狮子的事迹；三是伊斯凡迪亚尔杀死龙的事迹；四是伊斯凡迪亚尔杀死老妖的事迹；五是伊斯凡迪亚尔杀死大鹏的事迹；六是伊斯凡迪亚尔翻越雪山的事迹；七是伊斯凡迪亚尔涉过大河的事迹。

古典五卷诗创作史上，继尼扎米和霍斯鲁之后，出现了一个璀璨的明星，他就是塔吉克古典诗人阿不都热合曼·加米，加米的五卷诗由《莱莉与麦基侬》、《亚历山大传》、《玉素甫与祖来哈》、《沙拉玛与艾布沙勒》、《金钥匙》、《自由之礼》和《虔诚者传》7部达斯坦构成。

研究数字“7”与塔吉克文化之间的关系具有非常重要的意义。本节在这方面进行初步的探讨，算是抛砖引玉。

八、保护和抢救“活态”文化——塔吉克族非物质文化遗产

国家级非物质文化遗产名录项目有6个：塔吉克族的鹰舞；塔吉克族的引水节和播种节；塔吉克族的马球；塔吉克族的婚俗；塔吉克族服饰；塔吉克族民歌。

塔吉克族女士服饰　（拜海提·牙库甫摄）

自治区级非物质文化遗产项目有8个：塔吉克族的鹰舞；塔吉克族的引水节和播种节；塔吉克族的马球；塔吉克族的婚俗；塔吉克族服饰；塔吉克族民歌；塔吉克族丧俗；塔吉克族牦牛叼羊。

地区级非物质文化遗产项目有 10 个：塔吉克族的鹰舞；塔吉克族的引水节和播种节；塔吉克族的马球；塔吉克族的婚俗；塔吉克族服饰；塔吉克族民歌；塔吉克族丧俗；塔吉克族牦牛叼羊；塔吉克族刺绣；塔吉克族民居——蓝盖力房屋。

塔吉克族非物质文化遗产确实很多，而且是很有历史价值的。我们要采取措施、保护和抢救非物质遗产。

塔什库尔干县政府和相关部门在原来的基础上再组织开展对塔吉克非物质文化遗产的现状调查、全面普查、摸清家底，了解和掌握塔吉克族非物质文化遗产资源的种类、数量、分布状况、生存环境、保护现状及存在问题。

实行非物质文化遗产分级保护制度、制定非物质文化遗产代表作的评审标准，经过科学认定后，建立各级别的代表作名录体系。

建立起责任明确、运转协调的非物质文化遗产保护工作机制。

保护和抢救塔吉克族非物质文化遗产，必须有人力、物力和财力的保证。

第四节　风俗习尚

一、数字化的蓝盖力房屋

塔吉克人房屋一般为土木结构的正方形平顶屋，塔吉克人称这种房屋为“蓝盖力”。据说，“蓝盖力”房屋是塔吉克族大诗人和伊斯玛仪派哲学家纳塞尔·霍斯鲁设计的，这种房屋比较宽大，没窗户，屋顶中央开有天窗。屋子里分为 3 个区域：中间为脚地，房门向阳，靠左墙角。进门后，有一面高为 1.5 米左右的墙。过了这道墙，便是脚地。脚地中间是个大炉灶，天窗正好开在炉上方。一是可以采光，二

是便于排烟。室内四周为土台。过去塔吉克牧民大多过大家庭生活，由于条件的限制，全家老小饮食起居都在这“蓝盖力”屋里，屋内不分间，近门的侧边为长辈睡觉和招待客人的地方；另一侧为晚辈卧处。对炉灶一面稍狭，一般堆置物品，也可睡人。两面睡觉的地方常铺毛毡，白天被褥叠在墙边。过去一般没有桌椅和床等家具，人都在类似的土台上坐卧、饮食和休息。

“蓝盖力”屋顶用作晒台，中间高，四边稍低，以便雨水下流。塔吉克人的一切红白喜事都在“蓝盖力”屋里举办。经济条件宽裕、人口多的人家，还另有客房和卧室。有些人家还围绕“蓝盖力”屋修建走廊、宽大的屋檐（形同凉棚）等附属建筑。“蓝盖力”屋周围一般建有牲畜棚圈和草房，另有院墙，房院周围种有树木。

塔吉克族还通过“蓝盖力”房屋的长、宽、高度和柱子的数量来表达塔吉克人的信仰观念。如房屋的长度和宽度均为 7 米，表示伊斯玛仪派的七个伊麻目。房屋的柱子为 5 个，表示伊斯玛仪派“潘吉台尼”，意为“5 人”，即穆罕默德、阿里（穆罕默德的女婿）、法蒂玛（穆罕默德之女）、哈桑（阿里与法蒂玛的长子）、侯赛因（阿里与法蒂玛的次子）。

二、丰富的食品

塔吉克族饮食的内容和制作方法反映了他们的经济状况、生活需要和民族特点。牧区的饮食以奶制品、面食和肉食为主，农业区则以面食为主，奶制品和肉食为辅。每日早、中、晚三餐。饮食的质量视各家的经济情况而有所不同。一般为早餐吃馕、喝奶茶，午餐吃面条或乌麻什（用面粉、玉米面或青稞面做的糊糊），晚饭吃得较好，多以肉食品为主。过去副食品少，很少吃蔬菜。

1. 饮食种类和制作方法

泼罗：塔吉克语，意思是“抓饭”，是塔吉克人最喜爱的食品之一。抓饭的主要原料有大米、羊肉、胡萝卜、洋葱和清油，做出来的抓饭油亮生辉，香气四溢，味道可口，营养丰富。逢年过节，招待亲朋好友，特别是在婚丧嫁娶的日子里，塔吉克人一定要做抓饭来招待客人。先将油烧热，将羊肉块放入油中使之半熟，再加入水将水烧开，然后放入大米、胡萝卜、洋葱等焖熟。吃时放在大盘子内用手抓着吃。

冬巴吉格尔：塔吉克语，意思是“羊的尾巴和肝子”。这种美食的做法较简单。羊宰杀后，将新鲜的羊肝和羊尾油同羊肉一起煮，煮熟后，将羊肝、羊尾油切成薄片，然后按羊尾油片的大小，用两片羊肝夹一片羊尾巴油并撒些孜然、精盐和胡椒粉等调味品。羊肝煮后味淡，羊尾油却腻而入味，奇异的是两者合起来吃时，却产生香而不腻的效果。所以，这种美食往往使人“不吃不知道，一吃忘不了”。这种美食也叫作“黑加白”。由于羊肝的颜色较深，而羊尾油的颜色又近乎白色，因而叫“黑加白”。

馕：馕是塔吉克族的主食。塔吉克人的早、中、晚三餐都离不开馕。馕是以面粉为主要原料，多为发酵的面，但不放碱面放少许盐。馕大都呈圆形，中间薄，边沿略厚，中央戳有许多花纹。塔吉克族馕的种类和花样很多，所用的原料也很丰富。除了面粉以外，芝麻、洋葱、鸡蛋、清油、酥油、牛奶、糖、盐都是不可缺的原料。塔吉克族的馕可分为婚礼馕、葬礼馕、节日馕、旅行馕等。塔吉克族的馕大部分在馕坑里烤成。馕坑也别具一格，由于地区不同，馕的样式也不太一样。做馕的技术在塔吉克人中几乎是普及的，无论男女都会做馕，特别是招待客人时，他会拿出各种各样的馕来招待你。

开提根恰依（奶茶）：将红茶或砖茶加水煮开，加少许熟奶入锅煮成奶茶。这是塔吉克人最普通的饮料，同主食一样不可缺少。奶茶的

原料是茶、牛奶（牦牛奶或羊奶）和盐水。塔吉克人喜欢喝红茶，有的时候也喝茯砖茶。奶茶的一般做法是：先将砖茶捣碎，放入铜壶或水锅中煮，茶烧开后，加入鲜奶，直到茶乳充分交融，除去茶叶，加盐即成。

2. 饮食礼仪与禁忌

塔吉克族进餐时注重传统的礼仪和习惯。座次有上下之分，长辈和客人坐上席，其他人围坐一圈，中间铺饭单（类似桌布，铺在毡子或地毯上）。端茶送饭按座次先后递送。进餐时很少说笑。进餐的客人中如若有男有女，一般男女分席，但进餐方式和食物相同。平常家庭内男女的饮食也是同样的。由于塔吉克族好客多礼，凡亲友临门，不论男女老幼，都请上席，竭诚款待。

由于信仰伊斯兰教，在肉食方面塔吉克族吃绵羊、山羊、牛、骆驼、野羊及鱼，因为塔吉克族信奉的是伊斯兰教伊斯玛仪派，所以忌食马肉，忌饮马奶。在家禽和飞禽中吃鸡、鸭、鹅、雪鸡和鸽子等，忌食乌鸦和猛禽。

主要忌食猪、马、驴、狗、狼、熊、狐狸、旱獭、兔和猫等动物，并忌吃所有动物的血。凡可食之动物，宰杀时必须祈祷，未经宰杀而死亡的动物，一般不能进食。

三、多彩的服饰

塔吉克族的服装以棉衣和夹衣为主，没有明显的四季更替服装，这与帕米尔地区高寒的气候条件有关。妇女的服装较为讲究，尤其是年轻妇女。塔吉克族服饰具有鲜明的民族特色。

男子一般戴吐马克帽，此帽为黑绒圆高统帽，帽上绣有数道花边，帽里用优质黑羔羊皮缝制，帽的下檐卷起，露出一圈皮毛。吐马克帽的黑绒面上缝有红色、蓝色的丝绒或绸子边（青年人与老人有所区别），帽子的面与边的连接处有各色刺绣。青少年的吐马克面子为白绸制作。吐马克帽式样美观大方，非常适合高原山区使用，天气暖和时可以折起帽圈来戴，天气寒冷时可以放下帽圈，护住脖颈。夏季塔吉克男子戴用白布缝制刺绣的谢伊达小圆帽。男子一般穿套头的衬衣，外罩黑色袷袢（对襟长外套），系绣花腰带，冬季加穿大衣和皮大衣。皮大衣多为家庭手工制品，不带布面。

妇女一般戴刺绣精美的库勒塔帽，此帽为绣花圆顶带耳围的花帽，实际上是一种很有特色的厚实的女帽，很适宜高寒地区使用。库勒塔帽用白布做底，其上是妇女们各自喜爱的精美刺绣图案，年轻妇女的帽子周围有极为精美的刺绣，上部（即顶部）也有刺绣。库勒塔帽后部稍长，这样可护住颈部。缝制库勒塔帽是塔吉克妇女传统的手工艺，姑娘们从小就开始学习缝制库勒塔帽。

妇女平时穿连衣裙，并穿长裤，夏季在裙外加一背心，冬天外罩袷袢。老年妇女一般穿蓝色、绿花色连衣裙，年轻妇女和姑娘们则穿红、黄花色连衣裙。

以前妇女都穿家中自织的长统毛线袜，冬季则穿长毡袜，外穿自制长筒尖头软底皮靴。皮靴一般染成红色，靴筒用野羊皮缝制，靴底用牛皮或骆驼皮制成。这种靴子很轻，防寒防水，不论骑马或爬山，都十分适宜，轻便耐用。

塔吉克族妇女服饰 （多力昆·米那瓦尔摄）

在装饰方面，男子除帽子上有刺绣外，也有在衬衣领子和腰带上绣花的。妇女大都喜爱装扮，青年妇女讲究服饰的美观和色彩的艳丽，主要特点为：库勒塔帽绣花图案繁多，五彩缤纷；衣裙色彩鲜艳，一般为大红、深绿和鹅黄等色。妇女盛装时要在库勒塔帽檐上加缀一排叫作“斯力斯拉”的小银链，戴大耳环，颈绕数道珠宝项链，胸前佩戴叫作“阿勒卡”的圆形大银饰。已婚少妇在发辫上缀很大的白纽扣。新娘则在辫梢饰丝穗，手上戴贵重金属制成的手镯和戒指，耳垂上戴耳环。

妇女服饰有年龄和已婚之分：未婚女子外出常系三角形绣花腰带，臀后带后围裙；已婚妇女常佩戴胸饰、项链、耳环和发饰；老年妇女留一条长辫，不佩戴胸饰。中年妇女留鬓发，长度与耳垂相齐，也梳一条发辫。新婚妇女梳4条长辫，辫子上各佩戴一排大的白色纽扣或银元作装饰，这是已婚的标志；未婚姑娘不留鬓发，发辫上不佩戴纽扣等饰物，常用小铜铃将辫梢连接在一起。

塔吉克族腰带　（多力昆·米那瓦尔摄）

1. 围裙

塔吉克族妇女服装。正方形，边长约40厘米。正面用各种布条缝制。四边有宽约10厘米的黑色棉布边，黑棉布做里，上部两端有约50厘米长的带子。年龄较大的妇女围在腰到臀部位。在做家务和户外劳动时用以保护衣服，也防止腰部受凉。

2. 腰带

塔吉克族腰饰。用棉线织成，宽 2.5 厘米，长约 1.5 米。两端的线头分成 3～4 段，再用金线编织出缨子。用于束紧裤腰。

3. 库勒塔帽

塔吉克族妇女冬帽。圆形，平顶。由帽额、帽顶和后片三个部分组成。帽额长 22 厘米，宽 6 厘米，用白布做底，上刺绣图案。帽边下部有宽约 1 厘米的棕色边。后片长 30～40 厘米，宽 12～16 厘米，用有光泽的银色布做底，其上用丝线刺绣各种图案。帽顶所用布料和刺绣图案与帽后片相同。帽子的三个部分都上里子，絮薄棉，密集细缝。帽后片的下两端向外折叠，并用线相连接。使用时先戴帽，后围头巾。

4. 塔合特

塔吉克族礼仪服饰。用红色或黄色绸缎制作。长 2.5 米，宽约 2 米。绸缎正面用丝线绣各类图案，边上有丝线编织的穗子。女子出嫁时作装饰，到婚礼的第三天新娘揭面仪式结束，挂在蓝盖力房内新郎新娘就座的小土台之前。

塔吉克族的装饰　（拜海提·牙库甫摄）

5. 夏依达依帽

塔吉克族妇女夏帽。圆形，由帽顶和帽边两个部分组成。帽边宽 6 厘米，周长按头的大小来定。用白布做底，其上用各色丝线刺绣精美图案，下部

有宽约1厘米的棕色针织边。帽顶用白布作底，刺绣大而疏朗的图案。帽里面有衬里，帽檐有前后之分，其上可戴头巾。

6. 皮窝子

塔吉克族暖鞋。鞋�用鞣熟的鹿皮制作，染成淡红色、蓝色或黑色；鞋帮和鞋底用牦牛皮或牛皮制成，其前部向外弯曲，平底。一般配穿毛（或毡）袜子，并用鞋带拴住脚腕处。此鞋轻便，适用于山地行走。居住在高山上的塔吉克人穿着较为普遍。

7. 恰斯卡尔

塔吉克族妇女首饰。全长约60厘米，由细银链相联结的一只大银环和三只小银环组成。银环一面镶嵌各种珠子和雕刻图案。直径约2.5厘米的大银环左右两侧穿有6根小银链，在每根小银链上装有直径1厘米的三只小银环。小银环之间相隔约8厘米。大银环下沿垂挂着饰有彩珠的长约2厘米的5～8条细银链。连接一只大银环和三只小银环的银链又从其中部用长约5厘米的一道银链相连接，该链中部挂有一只装饰的银环。使用时套在妇女的脖子上，大银环垂挂在胸前。

8. 古西瓦尔

塔吉克族妇女首饰。用白银制成，圆形，中空。外层饰有各类图案，下檐垂挂5～7只带红珍珠的细链子。使用时垂挂在妇女鬓发上，是塔吉克族姑娘必备的嫁妆。

9. 甘再尔

塔吉克族妇女首饰。银质，三道细银链上装有三只银环，中间的银环直径约3厘米，左右两侧的银环直径约2厘米，各银环间相隔7～8厘米。银环较薄，一面为银饰的图案，有的中间镶嵌红珠子或宝石。银链两端设有银钩。小银环与银钩间隔约10厘米。过节或参加婚礼时妇女佩戴在辫子上。

10. 斯利斯拉

塔吉克族妇女首饰。银质，长约 22 厘米，宽 6 厘米。大体上可分为上下两部分。上部是装饰图案的银环，用小银链相接，银环上端连有长 3 厘米、一端带银钩的小链子。下部并排挂 40 多根 3 厘米长的小银链，每一条小银链下端穿有一个红珠子和空心坠子。使用时，带银钩的三条小银链挂在妇女库勒塔帽或夏依达依帽帽额上端，其下端的坠子要和帽檐相齐。它是塔吉克族妇女从新婚到生第一个孩子期间必须佩戴的首饰。

11. 萨达甫

塔吉克族妇女的发饰。已婚妇女佩戴在 4 条长辫上的大白色纽扣和银元等饰品的总称。作为萨达甫使用的纽扣比一般的纽扣要大，颜色雪白，形状相同。穿在等长的四条线上，每一条线上有 20～25 只纽扣。新婚妇女在四条长辫上各佩戴一排，并排垂挂在背部，是新婚到生第一个孩子期间妇女的发饰。

塔吉克族丝穗
（多力昆·米那瓦尔摄）

12. 阿利卡

塔吉克族妇女首饰。银质，形圆而薄，大小各异。常见的直径 7～12 厘米，中间有直径约 2 厘米的圆孔和银镀硬铁丝短针，一面饰有各种传统图案。年龄较大的妇女佩戴于右胸前，是长辈妇女留给女儿或孙女的主要遗物。

13. 手镯

塔吉克族妇女首饰。银质或金质，环形，扁薄，宽约 1 厘米，外面装饰各类图案或镶嵌小珠子。它既是妇女常用的首饰，又是留

给后代的主要遗物之一。

四、传统交通习俗

我国塔吉克人自古生活在有“世界屋脊”之称的帕米尔高原之上，因此他们的交通工具也与这里自然条件相适应。马、牦牛、骆驼、驴等驮畜为主要交通工具。

其中牦牛有“高原之舟”的美称，牧场上畜群搬迁转场时是离不开牦牛的，牦牛是登高能手，能驮重物，走得又稳，加之牦牛最为适应高原上的气候，在高海拔地带，它在交通运输上起着非常重要的作用。

马是很好的驮畜，牧民放牧或旅客长途跋涉，一般都骑马；就是渡河马也是比较可靠的。马具基本上是自制的。马在塔吉克人的生活中有着非常重要的作用，马不仅仅是一种交通工具，甚至可以说没有马，塔吉克人的生活就缺少了一种乐趣，因为很多竞技活动都与马有关，如叼羊、赛马、骑马射击和狩猎等。

骆驼是平原地区一种非常重要的驮畜，由于它温顺、有力、耐渴，塔吉克人在长途运输中常常使用它。现在随着交通事业的飞速发展，到处都有了公路通了汽车，骆驼的作用已经越来越小了。

毛驴作为日常的交通工具与生产工具，使用得最多，一般驮柴、磨面、运肥都使用它。

第三章

新时代　新人口

塔吉克族是个跨界民族，它分布于亚洲的几个国家。除了我国新疆境内的塔吉克人之外，塔吉克斯坦、阿富汗、乌兹别克斯坦、巴基斯坦、印度、伊朗等国都有塔吉克人。

从塔吉克族人口发展变化，塔吉克人口中性别构成、年龄构成、生育率与死亡率、文化构成、职业构成、城乡构成、扶贫与计划生育等内容，我们可以看出塔吉克族社会发展的变化，也可以从塔吉克族社会变化看出其人口变化。

第一节　古老的民族　悠久的历史

塔吉克族是中亚古老的民族，9 世纪，塔吉克人建立了历史上第一个以布哈拉为首都的幅员辽阔、国力强盛的萨满王朝，塔吉克民族的文化风俗习惯正是在这长达一百年的历史时期形成的。

塔吉克民族的形成过程，完成于萨曼王朝统治河中地区和呼罗珊时期。在国家独立的新条件下，许多文化传统复兴了，并且创造了新的文化珍品，其中包括获得盛誉的古典诗歌。早在阿拉伯人渗入中亚以前，在各个地区和国家之间经济与文化联系加强以及在封建关系发

展条件下城市生活增长的基础上，出现了中亚某些部族（主要是定居的部族）联合并混合成了一个民族的趋势。在粟特、吐火罗和呼罗珊三地交界处的一种地区方言的基础上，形成了当时名为“达里”语的塔吉克人的全民语言。①

“在阿拔斯王朝阿拉伯人的统治下，河中地区和呼罗珊地区人民不断发动起义，阿拔斯王朝的哈里发采取依靠当地贵族镇压起义的办法来巩固统治。然而当地贵族力量却借此得以壮大，先后建立起塔希尔、萨法尔、萨曼王朝，其中特别是萨曼王朝，对中亚地区经济、文化发展作出了巨大的贡献。在这一过程中，中亚地区最古老的土著居民发展形成了塔吉克民族。”②

塔吉克人人种属于欧罗巴人种印度地中海类型。他们的出现及民族形成的历史是漫长的，若是追溯到他们最古老的祖先，可追溯到古代中亚的西徐人，因为西徐亚人在塔吉克的先祖东伊朗语族的形成中发挥了决定性的作用。③ 说到塔吉克人，指的就是操伊朗语的民族，他们是古代雅利安人的后代。④ 许多历史学家认为，古代的东伊朗部族是在公元前 2000 年～前 1000 年形成的。“塔吉克族是一个有悠久历史的古老民族，其语言属印欧语系伊朗语族，作为中亚地区一个操伊朗语群体，他们和波斯人有着一样古老的历史和文化。”⑤“塔吉克和突厥是中亚西亚的两种基本民族成分。突厥较晚才从中亚北部西迁到中亚，而塔吉克族则是当地的土著民族。”⑥

中亚塔吉克人的祖先是古代操伊朗语的部族，包括古代雅利安人、

① ［苏］加富罗夫著，肖之兴译．中亚塔吉克史．中国社会科学出版社，1985：176.
② 马大正，冯锡时主编．中亚五国史纲．新疆人民出版社，2000：38.
③ 西仁·库尔班，马达力汗·包仑著．鹰的传人．新疆美术摄影出版社，2004：47.
④ 王治来．中亚史纲．湖南教育出版社，1986：659.
⑤ 王沛主编．中亚四国概况．新疆人民出版社，1993：252.
⑥ ［苏］加富罗夫著，肖之兴译．中亚塔吉克史．中国社会科学出版社，1985：1.

塞人、粟特人、吐火罗人、巴克利亚人等。塞人是中亚地区操伊朗语的古老部族，这个部族在塔吉克族的形成和发展中起了决定性的作用。塞人在西迁过程中，一直到达了被他们成为“塞克斯坦”的地区，即今阿富汗本部的锡斯坦地区。他们在历史上建立过安息国。

塔吉克族是中亚、西亚、南亚的古老民族，据不完全统计，现人口约为 1500 万人，是塔吉克斯坦的主体民族，阿富汗的第二大民族，是乌兹别克斯坦的第三大民族。塔吉克族分为平原塔吉克和高山塔吉克；居住在中亚文化中地区，即撒马尔罕、布哈拉、赫拉特、喀布尔、霍占、呼罗珊等地的为平原塔吉克人；居住在帕米尔高原、兴都库什山一带的为高山塔吉克，前者从事农业和手工业，后者主要从事畜牧业兼农业。

我国塔吉克族大部分居住在中国新疆维吾尔自治区喀什地区塔什库尔干塔吉克自治县，其余则分布于南疆的喀什地区泽普县、莎车县、叶城县，和田地区的皮山县，克孜勒苏柯尔克孜自治州的阿克陶县和伊犁地区自治州的部分地区。

据史料，西汉时，今日的塔什库尔干境内蒲犁国有人口 650 户 5000人，胜兵 2000 人。唐代朅盘陀国时，全国有城 12 座，这里出现了许多村庄，人口开始增多，国力日益强盛，境内共有十多所佛寺、500～1000的和尚，全国有可以作战的壮士 1000 人。清光绪二十八年(1902 年)，将色勒库尔回庄改为蒲犁分防通判厅，共管辖人口 1562 户 9201 人。1949 年有人口 13 926 人（包括今阿陶县布伦口、恰尔隆乡、塔尔乡、苏巴什乡、恰卡拉给力乡、盖孜乡、帕斯热瓦想、卡西里拉甫乡)，其中自治县境内有 1573 户 8486 人。塔吉克族人口为7178 人。在古代和近现代，由于社会生产力水平极为低下，战乱、灾荒和疾病经常发生，加上各种剥削和压迫，塔吉克族人口规模的波动较大。总地来看，由于自然和社会的原因，塔吉克族人口发展一直是缓慢的。

第二节　逐渐壮大的塔吉克族

中华人民共和国成立后，1949 年蒲犁县（今塔什库尔干塔吉克自治县）有 1573 户，总人口 8486 人，其中塔吉克族人口占 90%以上。在党和政府的关怀下，随着经济、卫生、医疗、文化等事业的迅速发展，塔吉克族人民生活不断改善，人口死亡率大大降低，给人口增长创造了前所未有的良好条件。

全国 6 次人口普查中，塔吉克族人口变化如下：

1953 年第一次全国人口普查时，塔吉克族人口 9091 人，比 1949 年增长了 3605 人。

1964 年第二次全国人口普查时，塔吉克族人口 16 236 人，比 1953 年增长了 7155 人，增长了 32.16%。

1982 年第三次全国人口普查时，塔吉克族人口 26 600 人，比 1964 年增加了 10 364 人，增长了 36.73%。

1990 年第四次全国人口普查时，塔吉克族人口为 33 223 人，比 1982 年增长了 6623 人。

2000 年第五次全国人口普查时，塔吉克族人口为 4.10 万人，与 10 年前的“四普”相比，塔吉克族人口增加了 7117 人，增加了 23.49%，平均年增长率 2.04%。

2010 年第六次全国人口普查时，塔吉克族人口为 51 069 人，比 2000 年增加了 10 069 多人，增长率较高。

我们从塔吉克族比较集中的塔什库尔干塔吉克自治县人口具体的变化，可以看出塔吉克族人口变化。

1953 年第一次全国人口普查时，塔什库尔干县 1665 户，人口为 9091人，比 1949 年增长 71.29%，平均年递增 17.82%，四年增加 605

人；1964 年第二次全国人口普查时，有 2382 户，人口 12 015 人，其中塔吉克族 9846 人，占全县总人口的 81.95%。比 1953 年增加了 2924 人，增长 32.2%，年平均增长 0.29%；1982 年第三次全国人口普查时，有 3350 户，总人口 20 153 人，比 1964 年增加了 8138 人，增长 59.62%，平均年递增 0.3828%；1990 年第四次全国人口普查时，有 3666 户，总人口 24 618 人，其中塔吉克族 16 337 人，占全县人口的 80%左右，比 1982 年增加了 4465 人，增长 2.277%，平均年递增 0.285%。2000 年第五次全国人口普查时全县有 5126 户，总人口 30 431人，其中塔吉克族 25 848 人，约占全县总人口的 80%以上。比 1990 年增加了 5813 人，增长了 2.152%，年平均递增 0.125%。

2010 年第六次全国人口普查数据显示，塔吉克族人口 51 069 人，占全国总人数的 0.0038%，比 2000 年人口增加了 11 427 人。在 2010 年的塔吉克总人口 51 069 人中，30 629 人居住在塔什库尔干塔吉克自治县，占塔吉克族总人口的 60%以上，也占该县人口总数的 81%。塔什库尔干塔吉克自治县的其他 14 个民族的人口 7214 人，占该县总人口的 19%。总地来看，新中国成立后，塔吉克人口不断增加，从 1949 年的不到1 万人口增加到 2010 年的 51 069 人。从人口的变化，可以看到塔吉克族社会的变化。

2000 年在塔吉克族人口中，有 2173 人居住在喀什地区莎车县，该县设有泽莱甫夏提塔吉克民族乡，有 1418 人居住在该乡；喀什地区泽普县境内 3385 人，该县布依鲁克塔吉克民族乡有 2042 人，其余生活在该县的阿伊库里乡和阿克塔木；叶城县境内有 1723 人，他们主要居住在该县的胡伽艾力克乡库克亚尔乡；有 4581 人居住在克孜勒苏柯尔克孜自治州的阿克陶县境内，该县也设有塔尔塔吉克民族乡，3458 人居住在该乡；和田地区的皮山境内有 861 人，该县设有纳吾阿巴提塔吉克民族乡，有 840 人居住在该乡。其余分布在乌鲁木齐市（248 人）、

喀什市（185 人）、塔城地区（24 人）、石河子（36 人）、克拉玛依市（48 人）、阿克苏地区（24 人）和其他地方。据塔什库尔干塔吉克自治县统计局资料，全县人口密度为每平方千米 1.35 人。

1. 性别构成

1949 年，塔什库尔干塔吉克自治县有男性 4264 人，占总人口的 50.25%；女性 4222 人，占总人口的 49.75%，性别比例为 101。

塔吉克族男孩 （拜海提・牙库甫摄）

1953 年 6 月 30 日第一次全国人口普查时，全县有男性 4621 人，占总人口的 50.83%；女性 4470 人，占总人口的 49.17%，性别比例为 103。1964 年 6 月 30 日第二次全国人口普查时，有男性 6122 人，占总人口的 50.95%；女性 5893 人，占总人口的 49.05%，性别比例 103。1982 年 7 月 1 日第三次全国人口普查时，有男性 10 396 人，占总人口的 51.08%；女性 9757 人，占总人口的 48.92%，性别比例 106。1990 年 7 月 1 日第四次人口普查时，有男性 12 593 人，占总人口的 51.15%；女性 12 025 人，占总人口的 48.85%，性别比例 104。2000 年 11 月 1 日第五次全国人口普查时，有男性 15 645 人，占总人口的 51.42%；女性 14 786 人，占总人口的 48.59%，性别比例 105。

2010 年塔吉克族人口 51 069 人，塔什库尔干塔吉克县的总人口为

37 843人，其中男性人口19 535 人，占全县总人口的51.62%，女性人口18 308人，占全县总人口的48.38%。

2. 年龄构成

2000 年人口普查资料显示，从各年龄段的人口比例看，少年儿童人口（0～14 岁）比重为35.29%，劳动年龄人口（15～64 岁）比重为59.74%，老年人口（65 岁及以上）占4.97%，与1990 年相比，少年儿童人口比重下降了7.48 个百分点，劳动年龄人口比重和老年人口比重分别增加了7.38 和0.10 个百分点。

2010 年，塔什库尔干人口普查资料显示，从各年龄的人口比例看，少年儿童人口（0～14 岁）10 091 人，比重为20.7%；劳动年龄人口（15～64 岁）25 959 人，比重为69%；老年人口（65 岁及以上）1793 人，占全县总人口的4.74%；90 岁以上的人39 个，占全县总人口的1.03%，其中男性28 人，女性11 人。可以看出塔什库尔干县人口的老龄化程度不严重。

3. 结婚形式

塔吉克族的婚姻形式历来是一夫一妻的婚姻制，一夫多妻的现象很少见。由于受宗教和传统生活习惯的影响，塔吉克族普遍盛行民族之内和伊斯兰教伊斯玛仪教派之内婚制。

塔吉克族的传统生育观念是孩子越多越好。在这种观点的鼓励下，过去一对夫妇有过7～8 个孩子，甚至最多有过12～15 个孩子。但这种观念随着社会的发展，也发生了变化。现在普遍的观念是生2～3 个或最多生4 个孩子就行了。

4. 文化构成

中华人民共和国成立前，塔什库尔干塔吉克自治县境内的人民群众多为文盲。中华人民共和国成立后，政府大力发展教育事业，人民群众的文化水平不断提高。1982 年第三次全国人口普查时，塔什库尔

塔吉克族母子　（王苗摄）

干塔吉克自治县有大学文化程度的 66 人，大学毕业的或在学校有 4 人，高中有 912 人，初中 2202 人，小学 5371 人，12 周岁及以上稍识字后不识字的 5618 人。

1990 年第四次全国人口普查时，塔什库尔干塔吉克自治县大学文化程度的有 61 人，大学专科有 102 人，中专有 665 人，高中有 851 人，初中有 2130 人，小学有 9904 人，文盲或半文盲有 6036 人。

2000 年第五次全国人口普查时，塔什库尔干塔吉克自治县有大学本科文化程度的 102 人，大学专科 701 人，中专 1664 人，高中 1170 人，初中 3321 人，小学 18 350。

15 岁及以上人口有 2.66 万人，在 15 岁以上的人口中，文盲人口 3500 人，文盲人口比率为 13.32%，其中男性成人文盲率为 9.56%，女性成人文盲率为 17.27%。与 1990 年相比，文盲人口减少了 2800 人，文盲率下降了 20.13%。

从受教育程度、性别人口（常住）看，2010 年塔什库尔干塔吉克自治县人口中，未上过学的人口 1042 人，其中男性 371 人，女性 671 人；小学共有 18 211 人，其中男性 8029 人，女性 10 182 人；初中共有 7287 人，其中男性 4221 人，女性 3066 人；高中共有 3409 人，其中男性 2295 人，女性 1114 人；大学专科共有 3544 人，其中男性 2310 人，女性 1234 人；大学本科 466 人，其中男性 335 人，女性 131 人；硕士研究生共有 6 人，其中男性 4 人，女性 2 人。据统计，2010 年在塔吉克人中，院士 1 人（青海的吴天一院士），正高职称的 4 人，副高职称的 23 人。塔吉克族人口的文化构成发生了很大的变化。①

5. 职业构成

中华人民共和国成立后，社会主义建设事业蓬勃发展，社会职业多样化，从业人员也逐年增多。1990 年第四次全国人口普查时，全县从业人口 9024 人，从事农、林、牧、渔、水利劳动者 6918 人；工业生产者 96 人；建筑行业 40 人；交通运输、邮电通信业 227 人；商业 72 人；卫生、体育和社会福利建设 132 人；教育、文化艺术和广播电视事业 469 人；科学研究和综合服务事业 15 人；金融、保险业 72 人；国家机关、党政机关和社会团体 797 人；其他行业 4 人。

在 15 岁及以上人口中，劳动力为 2.45 万人，其中从业人员为 2.34 万人，失业人员 1100 人（按“五普”长表推算），劳动参与率为 70.29%，在业率为 67.13%，失业率为 4.48%。从业人口中，从事第一产业的占 80.20%，从事第二产业的占 2.18%，从事第三产业的占 17.63%。

从职业看，2000 年从事脑力劳动工作的占全部从业人口的比率为 14.77%，从事城市体力劳动的比率为 5.42%，从事农村体力劳动的

① 引自《塔什库尔干塔吉克自治县志》和塔什库尔干塔吉克自治县统计局 2010 年统计资料.

比率为79.81%。具体地说，担任国家机关、党群组织、企事业单位负责人占从业人口的比率为2.56%，担任技术工作的占9.65%，办事员占2.56%，商业、服务人员的比率为2.52%，从事生产、运输设备操作工作的比率占2.90%，从事农林牧渔工作的占79.81%。

6. 城乡构成

1949年，境内总人口8486人，其中城镇人口187人，约占总人口的2.2%；农村人口8299人，约占总人口的97.8%。

中华人民共和国成立以来，塔什库尔干塔吉克自治县城镇人口逐渐增加。1953年全国人口普查时，境内城镇人口增至380人，占总人口的4.2%，农业人口8711人，占95.9%。1964年第二全国次人口普查时，境内城镇人口1729人，占总人口的14.4%。1982年第三次全国人口普查时，自治县城镇人口4660人，占总人口的23%，农业人口15 493人，占77%。1982～2005年，塔什库尔干塔吉克自治县进入社会经济高速发展时期，商品经济的发展加快了城镇化的进程，全县人口，特别是城镇人口的比值逐年增加，是中华人民共和国成立后发展最快的时期。至2005年，全县城镇人口9543人，占总人口的28.4%，农业人口24 063人，占71.5%。

1949～2005年，境内城镇人口总地来说是呈上升趋势。至2005年，全县城镇人口1949年净增9356人，净增56倍，年平均增长170人，农业人口呈下降趋势。[①]

① 本文相关人口资料大都以塔什库尔干塔吉克自治县为例。大部分资料数据引自《塔什库尔干塔吉克自治县概况》（2008年）、《塔什库尔干塔吉克自治县县志》（2009年）、《塔吉克族简史》（2008年）.

第四章

独具魅力的风土人情

第一节 “国王”与“王后”

塔吉克人的婚礼民族色彩浓郁，气氛热烈、隆重，那场面像诗一样优美，画一样动人。在旧社会，塔吉克人的婚姻大事大都由长辈包办。新中国成立后，自由恋爱才蔚然成风。男女青年放牧时，在美丽、宁静的草滩上，互相对歌，探索对方心中的奥秘，表达各自的心思。如果情投意合，他们就互赠定情之物。女的一般送给男方绣品，如手绢、烟荷包等，里面有时包着杏仁，表示献上她的心。男的大都给女方送各种首饰。

婚礼前的六七天，男女双方家长便骑马外出，邀请家中最近遇到不幸事件的亲友（主要是丧事）到自己家里，宰羊设宴，热情款待。宴前，家长们首先将一个“达甫”（手鼓），拿到宾客面前，然后说（大意）：“亲人们，过去的事，就让它过去吧，请你们帮助我们，在我家即将来临的喜庆之前，擦干悲痛的眼泪，振作精神，用力敲响‘达甫’，为青年人祝福吧。”这时，每个客人都会在手鼓上敲几下，表示：悲痛的日子已经过去，同意青年男女结婚前的娱乐活动。

塔吉克人对婚礼十分重视，婚礼的日子一般选在秋高气爽、牛羊肥壮的金秋季节。婚礼要热闹三天。第一天男女双方各在自己家里设宴，亲戚前来贺喜，他们带来的礼品一般是4～6个馕，在馕上再摆放衣服、日常用品和首饰等贺礼。最亲密的亲戚送羊。母亲或长嫂在礼品上撒面粉，以示吉祥。新郎穿戴婚礼服饰，新娘则躲在自己的屋子中不露面。第二天各在本村范围内举行更大规模的娱乐活动。一般是在第三天上午迎亲，男女两家相距较远的，第一天新郎即往女方家迎亲，次日返回男方家中。在举行婚礼期间，前往祝贺的亲邻们都穿着最好的衣服。经常是一家结婚，全村都沉浸在喜庆气氛中。

“拜德尔汗”为塔吉克语，直译即为“婚姻之父”。“拜德尔汗”是由女方指定，再由男女双方协商确定的证婚人，新郎新娘将一辈子如同敬重自己的生身父母一样尊敬他。婚后男女双方若有不和，也须找他调解。婚礼中，当宗教人士为新人祝福时，女方家长要回避，“拜德尔汗”则必须在场。宗教人士祈祷后，“拜德尔汗”亲自喂新郎、新娘喝一杯盐水，吃一口肉和馕。婚后的第三天，娘家人、“拜德尔汗”和宗教人士来男方家做客，这时，作为证婚人的“拜德尔汗”在众人面前揭去新娘的面纱，此后新娘方可参加家务劳动。

婚礼的第一天中午，新郎、新娘各在自己家中举行隆重的沐浴净身、喜着婚服的仪式。新郎的礼服为：“吐马克帽”上缠绕红白两色的绸带或布条，穿绣花的衬衣和外套，系绣花腰带，脚穿花边长袜和红色鞋子。新娘的服饰为：头戴绣花小帽，帽前垂挂“斯力斯拉”（一排小银链），耳戴银制大耳环，在4根长辫梢上系大红丝穗。身穿红色长裙，外套大红袷袢。佩戴艳丽的头饰、项链、胸饰和辫饰，脚穿花长袜和红皮短靴。新郎和新娘都要在左右手小指上戴戒指，戒指上各系红、白绸带4条。

一切准备就绪后，宗教人士面向新郎，为其高声祈祷，之后将早已准备在馕坑边的绵羊杀死为新郎的大礼驱邪，同时也是为新娘过门后的第一餐做准备。接着，新郎的父母及亲友争先恐后地往新郎礼服上撒面粉以示祝福。随后，在两名伴郎的监督下，新郎用清水洗净全身，穿上新婚礼服。

迎亲时，新郎骑上骏马，由一位已婚青年和一批未婚青年陪同，组成一支马队，吹打着乐器前往女方家。一路上，骑在马上的小伙子们一面叼羊一面唱着礼歌（国王来临），这是因为塔吉克人将婚礼中的新郎比作国王。他们来到女方家后就更热闹了。女方会表示隆重欢迎，新娘的两位女伴敬上两碗加了酥油的牛奶，新郎饮毕后下马。这时，女方的长者给新郎和“拜德尔汗”等人肩头撒面粉以示祝贺。

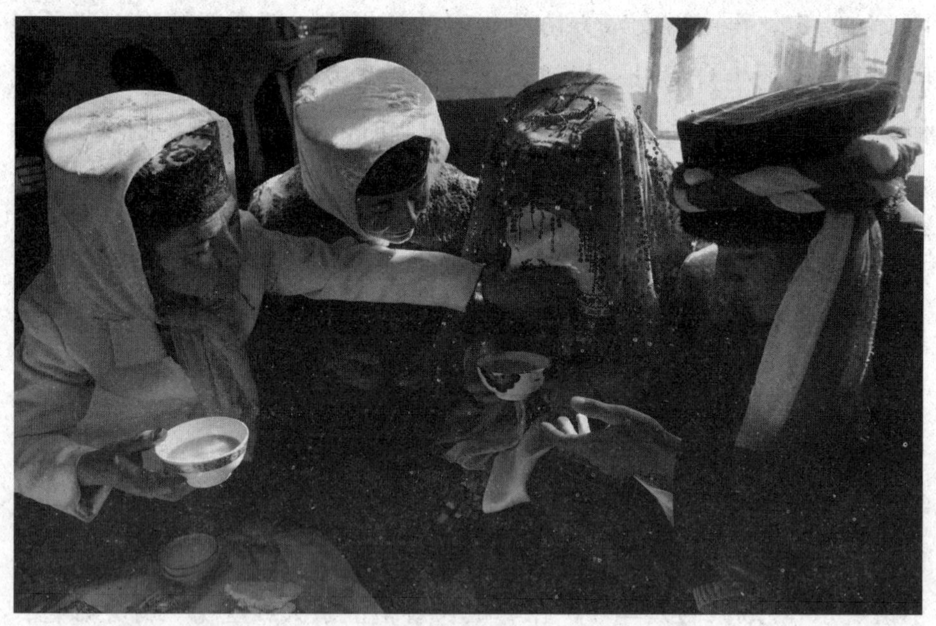

塔吉克族婚礼　（江程生摄）

结婚仪式是男方接亲时，在女方家举行仪式。这时，前来参加婚礼的长者和亲友都要在场，新郎和新娘站在一起，各有两位妇女（一已婚一未婚）陪同。由宗教人士海里派主持仪式并诵读《尼卡那麦》

(结婚之书)，据说此书是塔吉克族哲学家纳赛尔·霍斯罗专门为男女结婚而写的，其主要内容包括家庭、人生、教育和哲理。这时，“拜德尔汗”端过一碗盐水，新郎、新娘各喝一口，再吃点肉和馕，即象征着两人从此生活在一起。仪式上，新郎、新娘会互换系有红白两色绸带的戒指。女方的一位妇女向新郎新娘身上抛撒糖果，孩子们便围拢上去捡拾，而后，前来参加婚礼的宾客们一一上前向新郎、新娘表示祝贺，祝愿他们生活美满、早生贵子、白头到老。这时，女方父母走上前来，请新郎、新娘就座，新郎则走上前去，对岳父母行吻手礼，以示敬重。众人奏乐歌舞，向新人表示祝贺。女方家则以奶茶、酥油和点心等食品招待客人。

结婚后的第三天，即新媳妇进门的第三天，“拜德尔汗”和女方的亲戚及宗教人士来男方家做客，娘家人要带来精美的食物和一只宰好的羊做礼物。新娘在夫家，要戴三天面纱，这时，由“拜德尔汗”亲手将新媳妇的面纱揭下，然后，给新媳妇拿来面、油、奶等东西，让她和面打馕，这象征着她将在新的家庭开始新的生活。男方要宰羊招待女方的客人，并给女方的每位客人赠送衣料等礼物，如路途较远，男方就要留他们住宿。婚后一段时间，新郎、新娘须回女方家探望父母，女方的父母和亲人将宰羊招待他们，至此，婚礼方告结束。

第二节　肃穆而隆重的悼唁仪式

在正常情况下，死者在临终前会留下遗嘱，这时死者的亲戚围坐在他身边，流着眼泪，静听他的遗言。快断气时，宗教人士或年长者为将要去世的人念经祈祷，然后，替他合上双眼，用白布将下颚吊起。据说，年轻人、小孩子、负债者的眼睛是很难合上的。

人死之后，马上派人去各处报丧，并且将屋子收拾干净，由几位亲属将尸体停放在一块大木板上为死者净身。死者若是男性，剃净须发，洗净全身，若是女性，洗净头发，辫好辫子置于胸前。塔吉克人将这种习俗称为“台霍尔达特”。这样做，是为了让死者能干净整洁地去永恒的世界。净身时如有外人参加，须送死者的好衣物给他。净身后，使死者头冲西躺卧，用一张叫作“凯先干”带有刺绣的盖尸布将其覆盖。死者头前和脚下各点一盏灯，尸体最少得停放一夜。

死者若为老人，服丧期为1年左右；若是小孩夭折，服丧期要长达3年。服丧期间，不允许穿红色或色彩艳丽的衣服，年轻妇女不能戴项链、戒指、耳环等饰物。死者家里一周内不能洗衣物，男子两周内不理发。出殡3天内家中一切都被视作是不洁的，因此不能动烟火，饮食都由亲邻供给。入葬后，要进行大扫除。送葬人将手脸洗净之后方可进屋，经过宗教人士的长时间诵经后，丧家的饮食才算是洁净的。丧家1～2年内不举行婚礼和其他任何喜庆活动，甚至不经丧家同意，村内也不能举行婚礼和其他喜庆活动。半年之内，除星期三和星期五之外，每天天亮前，死者的家人都要去墓前哭泣，白天要在墓前供上各种食物。远方的亲人也纷纷前来祭奠死者。塔吉克人一年一度的肖公巴哈尔（即迎春节）家家户户都要里里外外大扫除，但丧家却不过节，原因是怕灰尘撒落在死者身上。一般来说，丧家家人一年内不大声说笑，一年内常能听到丧家传出的哭泣之声。

为死者净身后，丧家男性亲属一字排开坐在地上哭丧；女性亲属则身穿蓝色衣裙，头戴蓝头巾，坐在炕上哭丧。吊唁者自外鱼贯而入并表示安慰，妇女则握住丧家女性亲属的手哭泣。

塔吉克人办丧事不分亲疏远近、男女老少，凡是同村的人全部要邀请，但不发丧帖，而是派人逐户报丧。丧家根据将要来参加吊唁的人数做准备，如丧饭、柴草、住宿、被褥、饲草等都要做充分的准备。对每一户人家来说，不论在何种情况下，备办丧事都是一件很重大的

事，因为丧事的时间难以预料，若是准备不好，那将很难堪。所以，塔吉克人平时就备着办丧事所要用的牛羊。

塔吉克人的吊唁仪式肃穆而隆重，前来吊唁的人很多，这一天村里的一切活动都要停止，包括劳动、工作、家务。入葬的那天，吊唁仪式在丧者家中举行。举行葬礼前，先要缝殓衣，殓衣分男式与女式，缝制殓衣的线须从殓衣上抽取。丧礼由宗教人士赛义德或海里派主持。男人聚在一处做乃玛兹，妇女们则静坐在一旁。做乃玛兹时不允许哭泣。死者入葬后，宗教人士还要再次祈祷，众人依次亲吻死者家属的手并劝慰道："这是真主的旨意，切莫太难过。"之后人们洗手进屋，祈祷之后吃丧饭，一般宰杀牦牛或黄牛，按规矩死者亲属不可食用。丧饭在塔吉克语中称作"派提法尔"。

出殡除去宗教上的规矩之外，还有其他习俗。如死者从屋里抬出时，要将屋子的天窗关好，并在炉灶里燃起烟火，若是家中有孕妇便让孕妇手托死者殓衣，从殓衣上抽出一根线束缠绕在指头上，为的是日后生产平安顺利。如若死者是未婚女子，其尸身要精心修饰，让她与屋里的顶梁柱成亲，然后方可抬出。

由于塔吉克人很早便转入定居生活，所以每个家族都有自己固定的墓地，人不论死于何处，都要葬在自家的墓地中。据说，若葬于异地他乡，那里的土地是不会接纳他的，死者的灵魂也不得安宁。这对于死者的亲属将是莫大的耻辱。

塔吉克人造墓亦有其特点。从时间上看，星期三不能入葬，因为这一天是"创世日"。

星期五入葬的死者被认为是最幸福的，因为这一天入葬的人能见到真主。

造墓时，由一人率先破土，丧家要准备礼物，根据死者性别，男送匕首，女送剪刀。一旦破土，无论在挖掘中出现何种困难，都不许易地。据说人本来自土壤，当返回土壤时，他只能返回属于他的那一处。

聚在坟墓旁哭坟的塔吉克妇女 （王苗摄）

墓穴为长方形垂直穴，用石头砌得很平整，穴深为男子齐腰、女子齐肩，因为女子在阳世地位就比男子低，在阴世亦当如此。

塔吉克族墓葬，依其地表建筑的不同，可分为以下三种类型：

第一种，有马鞍形泥饰物的墓。安葬死者一周之后，在墓葬地表修一长方形墓台，墓台高半米，分两层，底层一般长 1.5 米，上层长 1.5 米，宽 0.7 米左右。在墓台上层南端，也就是上层通长的 2/3 处，垒一半米高的泥三角架，架顶塑一个马鞍形泥饰物。并且在上面涂当地产的一种涂料，似自然石膏，有灰色和白色两种。年轻的死者，涂白色，年长者则为灰色。在阳光的照耀下，上有涂料的泥饰物，闪闪发光，别具特色，其气氛异于一般坟场的凄凉与荒芜。

第二种，丧葬墓的地表上，用土坯修建拱拜。拱拜有穹隆顶和平

顶两种。一个拱拜里边，有1～3座墓葬不等，墓葬封土上也修有如同前述的马鞍形泥饰物。拱拜呈长方形。有的拱拜的四壁上，绘有图案及人物像。这类建有拱拜的墓葬数量不多，在一大片墓地中，只有一两处建有拱拜，有的墓地则一处也没有。

在塔吉克族丧葬中，“苏拉吾派迪德”（直译为“燃灯”）这一仪式占有重要位置，由其内容与形式来看，这一仪式具有强烈的宗教色彩和神话色彩。

灯祭在入葬的那天晚上举行，据说这是正式送死者上路去阴世的仪式。灯祭由海里派主持，丧家将一只肥羊拴在炕边，准备在海里派祈祷之后宰杀。这只羊必须是绵羊，山羊往往被看作是精怪，而绵羊则温顺老实。将羊宰杀后，用棉花和羊油制成灯捻点燃，据说这样就可为死者照亮去阴世的道路。按规矩，由一位被称作“霍迪姆”的人将肉做熟。羊肉要全部下锅，不能剩下一星半点，羊血、羊骨及内脏要埋于洁净之处。羊肉中尚须加些麦子，这在塔吉克语里称作“布吉”。由海里派诵念《chirā（nāma)》（灯经之书）或《灯经》。之后，霍迪姆将羊肉从锅内取出请大家享用，众人边吃边追忆死者生平事迹。死者亲属，如父母和孩子、夫妻、兄弟姐妹等忌食此肉。灯祭完毕，丧家将羊皮和少许羊肉送与海里派，再给他披一长袍，作为酬谢。

若家中有人去世，男子几周中不理发剃须，女子不洗头发，不更换衣装。当服孝期快满时，村民们在尊长的主持下共同议定一个“除孝日”，并提前告知丧家。除孝日这天，每家主妇都带上单数的馕（3个或5个）和一块布料，男人则带上自己的剃刀和磨石，一同去丧家。众人聚齐后，主人铺好餐巾，为来宾倒茶。茶毕，女宾将带来的东西放在托盘内双手捧送给主人，主人致谢。来宾中的长者从炕上下来，安慰他们：“要顺从真主的旨意，现在你们须高兴起来才是。”接着，丧家牵进一只羊来，祈祷后宰杀。肉熟之前，来宾们为服孝的男子剃须理发，为服孝的女子更换衣装。主人端出肉来待客。饭后，主人千恩万谢地为来宾们送行，至此除孝方告结束。

按照塔吉克人的习俗，除皮里克节（灯节）和库尔班节要上坟外，还要做4种乃兹尔，即3日祭、7日祭、40日祭和周年祭。这几种乃兹尔大同小异，参加者的人数、舍饭、诵经基本相同，均诵读《古兰经》。

通过敬烟或敬纳斯表示吊唁之意，是塔吉克族的习俗之一。他们认为烟苦丧事亦苦，用敬烟的方式安慰死者的亲属，可谓“以苦抑苦”。当一个人哭丧时，其他人上前敬一点烟或纳斯，让他莫太难过。哭丧者接过烟或纳斯，即不再痛哭。另外，若与某位死者的亲属偶遇，也要敬烟，双方都能心领神会。某人从远方捎根烟给丧家，即表示不能前去吊唁，务请原谅，也表示对死者的悼念。因此，在塔吉克语中，也把前往丧家悼念称作敬烟。

在一个村子里，如果丧事喜事同时发生了，那么办喜事的人家要到丧家进行长时间的解释和敬烟，在取得丧家亲属的允许后方可举办喜事。由此看来，敬烟在塔吉克族的生活中占有非常重要的地位。

诵经为塔吉克族丧葬习俗之一，诵经仪式没有确定的日期，一般为葬礼结束后一年内举行，也可延期举行，仪式要举行三天。丧家首先要准备一间房子，打扫干净，请两个诵经阿訇进来，放一个绣花枕头，枕头最好为新的，或者至少是洁净的，之后在枕头上放一本《古兰经》，由两个阿訇轮渡诵念或同时诵念。除夜间稍作休息外，要连续诵念三天。这三天中，不断会有亲邻前来拜访，来人一般要先入诵经房，手抚《古兰经》，然后用《古兰经》触碰唇部和额头，之后吻阿訇的手，并将带来的礼品放置枕头一旁，现在一般供奉现金。客人们退出诵经房之后才与丧家见面，相互问候完毕，坐下来食用手抓肉、抓

饭等食品。诵经仪式一般于第三天下午结束。结束前要到亡人的坟头，诵经祈祷，这才宣告仪式结束，丧家一般要送较贵重的礼物作为阿訇的谢礼，如一只羊、一匹马或一块地毡等。

第三节　禁忌习俗要牢记

节日或丧葬乃玛兹不允许妇女参加，这类乃玛兹只有男子有权参加。这是封建思想和伊斯兰教的“男尊女卑”观念在塔吉克人生活中的反映。

妇女的头发不允许散乱，因为这是乞求灾难或死亡的表现。塔吉克人只有在亲人去世那天，死者的女亲属才将头发弄乱。塔吉克传说中讲到：古时，黑暗之神的鬼、怪、魔鬼等总是披散着头发，他们就是以这副可怕的模样去恐吓人们，这是拜火教在塔吉克人生活中的反映。

不能头冲西方躺卧，因为死者是头朝西方埋葬的，这是伊斯兰教对塔吉克人生活的影响。

人不允许站着大小便，一般认为，若是站着大小便，那将与牲畜没有什么区别了。

塔吉克人认为不能将盐踩在脚下，不能在盐上大小便，因为盐是一种最纯净的物质。谁若将盐踩在脚下，或在盐上大小便，他的眼睛将永远瞎掉。这是塔吉克人一种古老的观念。

星期三，任何人不能给人借或向人借盐或奶，星期三，不能将盐和奶从家里拿到外面去，据说，星期三是创世日。

星期五不能洗头，因为这一天是死者去阴间最好的日子，一般在这一天给死者洗头、洗尸并送葬，所以一般人不在这一天洗澡。

当父母在世时，绝不允许儿女们分家。

绝对不允许赤脚踏上锅台。据说，赤脚踏上锅台八珍浇味也会害臊。另外，认为这样做是放肆的表现。

决不允许站着吃饭，也不允许一边走一边吃东西。这样做被认为是不规矩的行为，是对所吃的食物（包括盐）的大不敬。

绝对忌食猪肉，因为安拉不允许穆斯林食用猪肉。

忌食马肉，忌喝马奶，因为马除了它的力气，其余的一切都是不洁的，这是伊斯玛仪派的规矩。

占用寡妇孤儿的费用被认为是最大的罪恶，谁若犯有这种罪恶，将在阴间受到严厉的惩罚。

没有用刀子宰杀的任何禽兽都被认为是不洁的，禁止食用。这种肉一般只用来喂狗。

若两家的孩子同吃了一位奶妈的奶，这两个孩子就被认为是同胞兄弟或姊妹，就被认为有了血缘关系，这种同奶兄妹是不能通婚的。

塔吉克是一个定居的民族，所以每一个家族都有自己固定的墓地。一个家族的墓地是不允许其他家族的死者入葬的。塔吉克人认为，死者若被葬入别家的墓地，这块土地不会接受他，他在阴世将成为一个流浪者或乞丐。

一个人不能同时信仰两种宗教，甚至也不能同时追随同一宗教中的两种派别，若是这样，不仅会被认为是不信仰真主，而且会被认为是诈骗的手段。

第四节　独特而有趣的人生礼仪

1. 塔吉克族人有关孝敬父母、尊重老人的伦理思想

塔吉克族人素有孝敬父母、尊重老人的优良传统。他们认为，儿女们最大的职责是侍奉双亲，养老送终。父母在世时，绝不允许儿女

们分家，即使儿女早已结婚生子也是如此。因为这是他们传统道德规范和伦理的要求。如果儿女提出要分家单独生活，将被视为不孝之子，必将受到社会舆论的谴责。因此，在塔吉克族人中，一般没有老人受到虐待和无人照顾的现象。尽管世界上绝大多数民族都有孝敬父母、尊重老人的传统道德规范和伦理要求，但塔吉克族人在这方面还是有其突出之处。

2．遗产继承

遗产继承也是塔吉克族社会民俗之一。儿子享有继承权，女儿通常无继承权。父亲的遗产一般由诸子均分，无子者由生活在同一大家庭中的兄弟或侄子所继承。大概有这样几种情况：①父亲的遗产全部由诸子继承，长子有遗产支配权，母亲和未出嫁诸女的生活由遗产继承者负责。②兄弟虽多，但已分家另过。这种情况下，某家的丈夫死后，如无子嗣，而妻子又不改嫁，遗产由妻子继承。③父母都去世，无子，女儿可继承遗产，但一般要有入赘的女婿后才能继承。如女儿年幼未到结婚年龄，可携带遗产到近亲家中去生活。④已出嫁的女儿无权享受遗产分配，如死者无任何遗产继承人，其遗产一般归宗教界处理。

3．子女教育

传统的塔吉克家庭注重对子女的教育，一般为子由父教，女由母教。教子的内容为：忠厚老实，尊敬长辈，勤劳俭朴，学好农牧业生产本领，学习文化，不调戏妇女。教女的内容为：学会挤奶、照料幼畜、会做家务、缝纫刺绣，出嫁后尊敬公婆、尊重丈夫，遇见陌生男人不抬头，不和男人开玩笑等。

4．割礼和剪发礼

男孩的割礼与女孩的剪发礼是塔吉克人比较重视的习俗。男孩割礼一般在6～7岁时举行，请宗教人士割，家长宴请亲友，以示庆祝。

女孩一般在1～2岁时举行剪发仪式，此后女孩即开始梳发辫，亲友带来礼物，表示祝贺。

5. 见面礼

塔吉克族的见面礼别具一格，饶有风趣。男子平辈相见时互相握手，然后俯身互吻握着的手背，或互相拥抱；不同辈之间长辈吻幼辈之额，幼辈吻长辈手心。女子相见时，长辈吻幼辈的眼睛或前额，幼辈吻长辈的手心；平辈互吻面颊，近亲之间则吻唇。男女相见，一般行握手礼；如男子是亲近的年老长辈，则女子吻其手心。近亲久别重逢时有许多问候语并互相拥抱。

6. 吻手礼

吻手礼是塔吉克族相见礼仪之一。两人相见时握手，然后俯身互吻握着的手背。孩子们每天早上要对父母行吻手礼。男女互相见面时，女的要吻男的手心，男的则要轻轻地按一下女的头部，以示敬意。

塔吉克传统见面礼——互吻手背 （张文成摄）

7. 待客礼

如有远方贵宾来临，须宰羊招待，若无羊也得以最好的饮食款待客人。宰羊待客时，主人先将羊牵至客人前，请客人过目，客人表示满意，即行宰杀。进餐时，主人首先向最尊贵的客人呈上羊头，客人割下一块肉，再把羊头双手送还主人，主人接着将一块夹有羊尾巴油的羊肝请客人吃，然后主人请一位客人分肉，客人往往互相推让，或请主人分肉。食毕，大家按伊斯兰教的传统做祈祷，主人收拾残局，取走饭单，大家方能起身，如未收饭单客人起身，将被认为不尊重主人。

8. 尊重妇女的习俗

塔吉克族有尊重妇女的优良传统。如果一群人一起到某人家去做客，或者参加婚礼、葬礼、拜年等，主人将来客中年龄最大的妇女视为最尊贵的宾客，进门得请她先进，其他人则以先女后男、年龄大小的顺序进入，在塔吉克人室内炕上，右边为上席，左边为下席。客人进屋上炕后，女宾坐右边，男宾坐左边，女宾中年龄最长者坐右边首席，如果为客人们宰了羊，上肉时，主人将把他们认为最鲜美的羊头和羊尾装在一盘里，先放在年龄最长的女宾面前。见面时，幼辈男女都来吻女长辈的手心。

另外，塔吉克人的加玛艾提哈那（类似清真寺）中设有女信徒的礼拜室，而其他穆斯林民族的清真寺一般是不允许女性入内的。这也反映了塔吉克族文化中尊重妇女这一优良传统。

9. 撒面粉以示祝福

在塔吉克人的眼里，面粉是幸福的象征。大概在以下几种情况下，塔吉克族人撒面粉表示祝福：塔吉克族的传统节日——“肖公巴哈尔”（迎春）前夕，家家户户将所有用具搬到室外，彻底清扫住房，然后用面粉在室内墙壁上整齐地画数行 Y 形图案，各家所画的图案的形态大同小异。据说，这是迎接新春、迎接幸福的象征，所以家家都画。村中男女老幼互相拜节的时候，每到一家，这家主妇即在来客肩上撒一点面粉，以祝吉祥。面粉在这种场合被认为幸福的象征。结婚的头一天，男女双方各在自己家里准备菜肴，亲戚前来贺喜，他们带来的礼品一般是4～6个馕，在馕上放衣服、生活用品或首饰，最亲近的亲戚则送羊。母亲或长嫂在礼品上撒面粉，以祝吉祥，新郎到女家门口，女方隆重欢迎。由新娘的两位女伴敬上加酥油的牛奶，新郎在马上饮毕，下马。女方的长者给新郎和证婚人等肩上撒面粉表示祝贺。举行结婚仪式时，新郎新娘互换系有红白绸布条的戒指。接着女方家人向来客肩上撒少许面粉，表示祝贺。

塔吉克人用抛撒面粉互祝吉祥的风俗，跟古希腊诗人荷马的伟大史诗《伊利亚特》中所描写的希腊人的风俗如出一辙，古希腊人也是用抛撒面粉来互祝吉祥的。

10. 交友

交友是塔吉克族传统社交习俗之一。交友的范围是在陌生的家族之间：如果两个陌生家族中的成员交了朋友，通过他们的友谊，这两个家族之间的关系也将趋于亲密。塔吉克人交友较为普遍，最隆重的交友仪式是手抚《古兰经》发誓。做梦为交友的先决条件。某人在梦中和一人交了朋友，次日清晨便前往那人家中，告知此事。对方高兴地答应后，做梦者便请客举行交友仪式：客人到齐之后，做梦者将一头牛或一只羊牵到面前，向众人详细讲述自己的梦，再请宗教人士祈祷，而后宰牲。宗教人士将《古兰经》分别在两位朋友的胸部按一按，表示发自内心并以《古兰经》作证。接着两位朋友热烈拥抱，表示他们已成为生死之交，众宾客向他们表示祝贺。做梦者将一峰骆驼或一匹好马当众牵来送给自己的朋友。最后用宰牲之肉和好的饭食招待众位宾客。几天后，对方举行同样的仪式邀请大家，表示回礼，也当众

向自己的朋友送骆驼或马。塔吉克人将这种朋友称作“终生的朋友”、“生死之交”。

11. 亲属称谓

亲属称谓语是指互相有直接或间接的血缘、婚姻、法律等关系的亲戚和亲属名称。亲属称谓语有面称和背称。塔吉克族亲属称谓语还没有人进行过研究。总地来说，塔吉克族亲属称谓大致如下：

ato（父亲）、ano（母亲）、püts（儿子）、radzen（女儿）、qur（丈夫）、gcin（妻子）、bob（祖父、外祖父）、mom（祖母、外祖母）、dud（伯父、舅父、叔叔）、vits（姨、婶）、vrud（兄弟、哥哥、弟弟）、yah（姐姐、妹妹）、nabus（孙子、孙女）、nabiro（曾孙）、qabiro（玄孙）、patix（堂、表兄弟或姐妹）、padar（义父、干爹、继父）、padarhon（婚礼之父）、modar（母、婚礼之母）、khüdo（亲家、男亲家）、khüdawondz（女亲家）、hasür（岳父）、hek（岳母）、haserdz（妻弟、姐夫）、hayun（嫂、夫妹）、dumud（女婿）、zinal（儿媳妇）、orj（乳母、奶妈）等。

12. 开嘴仪式

塔吉克族人孩子出生后，有许多有趣的习俗，每种习俗都有一定的讲究。婴儿生下后，如果是男孩，全家人则要隆重庆祝，并要由老人在家里朝天窗鸣枪，以示庆贺，希望孩子长大后像男子汉那样勇敢坚强，并祝福他以后幸福。

孩子生下后，无论是男孩女孩，第一天都不得喂奶，在喂奶之前，要举行一种“瓦合陶吾达得”的仪式，也称“开嘴仪式”。这种仪式一般在第二天举行，如果是清晨生的，在晚上星星出来后也可举行“开嘴仪式”。主持仪式的人是家庭中的长者，他要用鹰或鸽子的羽毛，在专门木制的喂奶器里，蘸上放入的开水或是牛奶。在开水或牛奶里放一点冰糖、鹰胆，意思是希望孩子长大勇敢和时来运转。羽毛蘸满开水和牛奶后，要在婴儿嘴上来回涂抹几次。仪式结束后，母亲就可以给孩子喂奶了。

13. 取名习俗

塔吉克人为婴儿取名，要举行一些仪式，首先要将宗教人士或长者请来，商量如何为孩子取名。由父母商量，从所能想到的名字中选一名字；为了纪念故去的亲人，由他们的名字中选一名字；塔吉克人先祖的名字或历史人物，有意义的时间和事物以及事件产生的地点、时间；帕米尔地区有名的地名、山名、植物名、河流名；由伊斯兰教宗教典籍中挑选；出生时间、地点或在出生时所发生的事件。

当孩子的名字商定好之后，宗教人士就将婴儿抱在怀里，对其耳大呼其名，之后祈祷，然后用一匙子在孩子嘴唇上碰一碰，最后，主人招待众位宾客。

第五节　众多的民族传统节日

在漫长的历史进程中，塔吉克族创造了独具特色的民族文化，这一文化中的一系列风俗习惯，其中包括节日习俗，都是与他们的物质生活和精神生活相符合的，塔吉克族传统的民族节日是他们风俗习惯中很重要的一个部分。由于塔吉克族信仰伊斯兰教伊斯玛仪教派，因此，他们的古尔邦节和肉孜节与其他穆斯林民族既有相同之处，又有所区别。

一、伊斯兰教古尔邦宰牲节

古尔邦节是伊斯兰教的传统节日，信仰伊斯兰教的民族都隆重地欢度这一节日。

相传在很久以前，先知伊卜拉欣在一天夜里梦见“安拉”（真主）

命令他到密拉山谷亲手杀死自己的儿子伊斯玛仪，作为对安拉的献祭。当伊卜拉欣遵从安拉的旨意去宰杀爱子时，安拉命天使送来一只羊，说安拉已经看到他的虔诚，可以以羊代替献祭。根据这一传说，在阿拉伯人中形成了每年宰牲献祭的习俗，以后成了包括塔吉克族在内的信仰伊斯兰教各民族的共同节日。伊斯兰教历与现行公历每年有近 11 天的日差，故每年古尔邦节的公历日都不固定。

塔吉克族过古尔邦节的习俗与维吾尔、乌孜别克等穆斯林民族有相同之处，亦有不同之处。相同之处为：古尔邦节起始的传说、节日时间、节日礼拜、用作牺牲之物的牛羊等。不同的是：他们是在自己传统习俗以及物质生活和精神生活的基础上来过这一节日的。塔吉克人在 1 年前就开始做古尔邦节的部分准备工作了，产羔时期，每户人家就挑选出黑眼睛、毛色纯白的羔羊做上标记，作为古尔邦节的牺牲之物。节日来临，宰杀这只羊之前，要将它的眼睛涂抹得很漂亮，然后将其抬上屋顶宰杀，宰杀后，要将羊血涂于孩子们的额头和面颊，以示吉祥。羊要整煮，然后将其原封不动地送往塔吉克人的宗教活动场所加玛艾提哈那（相当于清真寺），交给有关人员。古尔邦乃玛兹之后，众人整齐地围坐在餐布周围，分食统一分配的羊肉，边吃边回顾一年内发生过的事，同时满怀喜悦地憧憬未来。食毕，祈祷之后，大家三五成群地去拜节。依照习惯，节日前，家家户户都把房子院落打扫整修一新，并赶制节日新装。妇女们要炸馓子，烤制油馕，制作各种糕点，购买各种糖果等食品，做过节的充分准备。节日期间，姑娘媳妇不做针线活儿，不纺线。边远的山区一般没有加玛艾提哈那，牧民们在约定的地点聚齐，做古尔邦乃玛兹，同食作为牺牲的羊肉。古尔邦节的第二天，每家都要带上作为祭品的肉或饭食，前往墓地奠亡灵。

二、穆斯林人的肉孜开斋节

塔吉克人也过肉孜节，但对这一节日却并不十分重视。塔吉克人也作肉孜节乃玛兹，也相互拜节，但不封斋。在节日来临前，人们打扫室内外卫生，炸馓子，做点心，准备节日食品。一般在礼拜后，人们去墓地悼念亡故的亲人。节日期间人们准备了十分丰盛的食品，男女老幼身着节日盛装，走亲访友，互相祝贺，欢聚一堂。

三、盛大隆重的肖公巴哈尔迎春节

肖公巴哈尔节，塔吉克语意思是“迎春”。这一节日另一较为普遍的说法是“诺鲁孜节”，这也是塔吉克语，意思是“新日”、“新年”或“新春”，也可理解为新年的第一天。我国塔吉克人又将这一节日称为“且得其德尔”，意思是“洒扫庭除”。

说到肖公巴哈尔节的产生和形成，可追溯到久远的年代，很多世纪以前，在正式的宗教尚未形成、人类还普遍处于自然崇拜的时期，中亚生活着从事畜牧业的游牧或半游牧的东伊朗部族，根据草原畜牧的特性，他们将一年分为春秋两季。他们认为春季是新生活的开始，便称之为“诺鲁孜”，在每次春季迁徙之前，便要隆重庆祝诺鲁孜，而后便开始了一年逐水草而流动的游牧生活。由于冬窝子是固定的，每一部落在春季结束时，便向自己的冬窝子迁徙。此时，他们要去祭奠自己祖先的陵墓。这种传统，他们称之为“美赫尔甘吉”（丰收节），这样，在古代东伊朗部族中，便形成了春季的诺鲁孜节和迁往冬窝子时的美赫尔甘吉节。

到中世纪，由于天文学的发展，人们对季节的观念逐渐有所变化，在春季昼夜平分的这一天（一般为公历 3 月 21 日）过诺鲁孜节。

有关肖公巴哈尔节的产生和形成，塔吉克人中有这样的传说：在

伟大的王中之王加米西德大帝统治着由东至西的大片土地时，他创造了酒，创造了金碧辉煌的宝座，还创立了诺鲁孜节。相传，加米西德大帝正是在诺鲁孜节那天坐上他的宝座的，因此，他举办了盛大的宴会。从此，每年隆重庆贺这一天相沿成习，以后便形成现在的诺鲁孜节。

在中亚统治达230年之久的阿契美尼德王朝（公元前559至前330年）时代，当太阳进入白羊宫时，开始过诺鲁孜节。那时，人们为了将夏收时间与这一时间对正，便大造声势，这样年年如此，延续下来，便形成了诺鲁孜节。

以上的传说和历史可以说明，肖公巴哈尔节是塔吉克人最古老的传统节日。我国塔吉克族在冬去春来、春暖花开、万物复苏之际，将肖公巴哈尔这一天看作是祝愿实现新的一年的美好愿望的时日。

节日前夕，家家户户将里里外外打扫干净，清除一冬所积的污物，然后要在屋里的墙上画一定的花纹，并撒面粉以示祝福。另外，还要准备各种节日食品，并且一定要烤制一个过年所用的大馕。

节日这天，人们在众人推举的肖公（率领一群人去各家拜年的首领）带领下去各家拜节，进门便道“恭贺新禧”，主人回答“但愿如此”。接着将面粉撒在肖公及来客肩上以示祝福，而后热情款待来客。按照习俗，先由肖公亲手将大馕掰成块状，念一句“比斯米拉”（以真主的名义）并吃一口，然后众人一同进食。妇女们节日在家中待客，孩子们同男人去拜年，姑娘媳妇则携带节日油馕去给父母亲友拜节，节期为3天。

肖公巴哈尔节最重要的特点之一就是没有宗教色彩，因此，节日期间人们感觉很自由。人类总将新春看作新生命的象征，看作是大自然对人的恩惠，因而人类总是用最美的诗句来歌颂春天，塔吉克人的肖公巴哈尔节的中心思想正在于此。

在塔吉克人漫长的社会生活中自然形成的肖公巴哈尔节，以其丰富的内容和绚丽的色彩在塔吉克人精神生活中占据着独特的位置。

四、拜火教的痕迹——皮里克灯节

皮里克节也是独具塔吉克民族特色的节日，内容丰富多彩，十分隆重。由于此节恰好在回历的8月14～15日，因而又称“巴拉提节”。因为“皮里克”（直译为“灯蕊”或“灯”）为整个节日的中心内容，故又称之为“皮里克节”（可直译“灯节”）。

皮里克节要过两天。第一天晚上为“家中皮里克”。先将浸过油的棉花缠在干草棍上，给家中的每个人做两支油烛，做好后将油烛插在一个盛满沙子的大盆内。夜间一家人围坐在插有油烛的大盆周围，主持人先做祈祷。而后呼唤每个人的名字，以知其是否在场。接着燃起油烛，诵读经文，祈求真主赐福，一家老小也都眼望油烛，相互祝福。仪式结束后，分食节日食物。翌日，人们相互拜年，夜间举行“墓地皮里克”仪式。各家各户都特意为亡故的亲人杀牲并准备好各种食物，以便在夜间携往墓地祭奠亲人。墓地皮里克点燃后，一家人蹲在地上祷告道：“祖先们，我们不会忘记你们对这一世界的贡献，不会忘记你们伟大的亡灵，安息吧，我们不会辜负你们的遗愿，愿你们的亡灵佑助我们!”而后，各家各户的人围坐在一起，共食带来的食物。

墓地皮里克仪式结束后，家家在屋顶燃起火把，祈求真主降福。孩子们在外面燃起篝火，并围着篝火做丰富多彩的游戏，这个时候，帕米尔的夜空被照耀得如同白昼。

有关皮里克节的产生和形成，塔吉克人中有各种各样的传说，据说这个灯节是原始人卡尤玛斯的孙子甫香格制定的。这位塔吉克人神话英雄最大的贡献是发明了取火术。塔吉克神话中是这样说的：有一天，甫香格国王带人攀山，突然发现路边有一条可怕的大蛇。甫香格

国王拿起一块石头瞄准大蛇砸去，虽然大蛇未被击中，但石块击在石上迸出了灿烂的火花。于是，甫香格发明以石击石取火种的方法。为感谢神赐给人类火种，那天晚上，他们燃起熊熊的大火，大家围着火庆祝，从此，这一天被定为“皮里克节”。

从皮里克节的形成和内容来看，其实质在于赞美火、膜拜火、借火求福。很清楚，膜拜火、赞美火并非伊斯兰教的习俗，而是拜火教的核心思想之所在。在拜火教的圣典《阿维斯陀》中，火被神化为具有一系列社会内容的象征物。

在伊斯兰教传入之前，塔吉克人信仰拜火教。伊斯兰教并不是原封不动地被接受的，而是经过与拜火教融合之后才逐渐被接受的。拜火教在塔吉克人中的遗存并非只有皮里克节，在生活的其他方面亦可见到，如遇有日食、月食之时，要燃起篝火；孩子呱呱坠地时，要在门槛上燃起烟火；牧民转场时，要在棚圈四周点起烟火；病人通过点烟火祈祷攘灾，在埋葬死者的当天晚上要在坟墓周围点灯。

因此，可以说皮里克节为我们研究塔吉克族信仰伊斯兰教之前宗教信仰提供了丰富的活材料。

五、一年一度的祖吾尔引水节

“祖吾尔”在塔吉克语中为“引水”之意，这个节日属农事节日，反映了帕米尔高原的自然环境以及勤劳的塔吉克人与之相应的生产活动。塔吉克人所聚居的塔什库尔干地区气候寒冷，居民稀少，冬季山水冻结，春季来临，需要砸开冰块，引水入渠，开耕播种。但一户人家单独引水开耕绝不可能，须全村人一齐出动，祖吾尔节便是在这一现实基础上形成。每当节日临近，须做一些准备工作，随着春季的来临，要在主要渠道的冰面上撒土（撒土可加快冰融速度）并准备好各种工具，还要烤制 3 个节日大馕（一个留在家里，两个携往引水工地)。引水这天，全村人在米拉甫（水官）的带领下骑马到引水点，参加破冰修整渠道的劳动。引水入渠之后，人们聚在一起，共食带来的节日烤馕，小孩子们则相互撩水嬉闹。之后，人们共同祈祷，祈求风调雨顺，庄稼丰收。接着，人们举行隆重的叼羊、赛马等活动，庆祝引水节，这种时候，全村一片欢腾。

节日过后便开始耕种。有一时期，这个节日被认为是挥霍浪费而被取消，实行责任制后，不但恢复了这一传统节日，还添加了一些新的内容，并且除去了部分与时代精神不相符合的内容。

叼羊比赛 （罗小韵摄）

六、丰收愿望的铁合木祖瓦斯提播种节

“铁合木祖瓦斯提节”是塔吉克语，意思是“播种”或“开始播种”，故又称“耕种节”。这一节日紧接引水节。时间是正式播种的第

一天。

过这一节日，各家农户先要烤馕，还要做一种叫作“代力亚”的饭（将大麦碾碎煮熟和压碎的干酪混合在一起做成的一种饭）。邻里相互拜节，当前来拜节的人出门时，妇女跟随其后出来洒水，以祈求丰收。还将喂牛的面团（饲料）捏成耕牛及犁具形状喂牛，然后象征性地在口袋装点种子，请富有农作经验的老农向地里撒种，撒种时还要烧点烟火，一人撒种时，其余人都将衣襟宽宽地撩起，让种子落进怀内，并要将这种子带回去。然后请一位有福气的老婆婆坐于地中间，一个人象征性地围绕她转圈并翻挖土地，而后，人们相互分发剩在口袋里的种子。耕种期间，整个村子充满了互助协作的气氛，人际关系非常融洽。

总地看来，塔吉克族的传统节日种类多，内容丰富，形式也多种多样。有的反映了塔吉克人自古以来有关自然、社会、人际关系的哲学观念，有的反映了塔吉克人的宗教信仰和宗教活动形式，有的反映了塔吉克人的各种生产活动，这些节日的活动也反映出了塔吉克人的美学观念、道德观念和有关社会生活的知识和经验。因此，作为塔吉克族风俗的一个组成部分的塔吉克族节日，看起来似乎是习惯，而实质上，它反映出了塔吉克社会不同的方面，因此，它对于塔吉克文化研究来说也是极为宝贵的材料。

第五章

经济是民族的生命线

第一节 民族经济潜力巨大

塔什库尔干塔吉克自治县作为新疆维吾尔自治区西部大开发的主要自治县，其丰富的旅游、矿产资源，独特的地缘、民族优势，为发展特色经济，形成新经济增长点提供了巨大潜力。

勤劳智慧的塔吉克人民，根据帕米尔高原有山、有谷、有水的地理特点，充分利用大自然赋予的客观条件，在高山牧场上放牧牲畜，在低谷农田中种植庄稼。形成农牧结合，以畜牧业生产为主，兼营农业的格局。

一、提供物质来源的畜牧业

塔吉克族牧放的牲畜中以绵羊为主，牦牛次之，此外还有山羊、牛、马、驴和骆驼等。牛、羊、牦牛的奶和肉是牧民的主要食品。牛主要用于农耕，马、牦牛、骆驼和驴用于骑乘和驮运，羊毛用来纺线、织呢绒、做毡毯，牦牛的皮是做靴底的好材料，羊皮用于缝制衣服和帽子。毛毡是每家坐、卧必备的用品，并且用来盖毡房以及做御寒的

毡靴和毡袜。可以说，畜产品为塔吉克族牧民提供了衣、食、住、行的大部分物质来源。

每到春季禾苗露出地面的时候，牧民们就把牲畜赶往夏季牧场去放牧，这主要是为了让牲畜上高山牧场吃草。同时还有另外两个原因：一是避免牲畜啃吃禾苗；二是谷地湿热，牲畜，特别是绵羊和牦牛在这里度夏不但不上膘，还容易染病和长寄生虫。

牧业生产主要是牲畜的繁殖与利用。在塔什库尔干，绵羊每年一般10～11月配种，第二年4～5月产羔，7～9月挤羊奶食用。绵羊每年7～9月剪两次羊毛，山羊只有6月剪一次毛。

塔什库尔干塔吉克自治县成立以后，各级政府十分重视畜牧业生产，特别是近年来进行一系列畜牧业建设工作，如进行草原普查，狠抓草场建设和饲料加工业，引进优良畜种和推广塔吉克族牧民精心培育繁殖的良种——敦巴什大尾绵羊，试行冻精配种技术，加强兽医疫病防治等，使畜牧业生产获得了较大的发展。2000年年底，全县牲畜存栏数已达18万头，约为1954年的4.8倍。

二、农业生产力水平日渐提高

在帕米尔高原，气候寒冷，大部分地区最高气温不到3℃，每年无霜期只有60天左右，因此只适宜种植耐寒的青稞、春小麦和豌豆等作物。在少数海拔较低、气温较高的山谷中，种植一些玉米与胡麻（油料）、杏、桃、甜瓜和西瓜等瓜果。总地来说，这里山高土薄，一些山谷的河流上游地带，土层不足10厘米，下游土厚处也只能深耕45厘米左右，所以农业的单位面积产量比不上平原地区。每到春季来临，牧民们在谷地里引水灌溉，播种谷物，然后上山放牧。夏季只回村几次给庄稼锄草和浇水。直到秋季，山谷中的庄稼成熟了，牧民们才回村收获。

过去，农业生产工具缺乏，生产水平很低。生产工具主要是坎土镘、木犁、铁犁头、镰刀、斧、锹等。铁制工具基本上都是从莎车运来的，耕地主要用二牛抬杠的木犁（带铁铧），一对牛一天约耕 2 秤地（1 秤地合 0.667 市亩），深 10 厘米左右。

以前，这里用马、驼、驴运输。一般耕地 1 年施一次肥，每亩 10～15 口袋（每口袋约 100 斤），穷人也有不施肥的，用手撒种。一般耕地 1 年只灌溉 1 次水，干燥的地灌溉 3～4 次水，都是漫灌。旱地庄稼锄 1 次草，水地锄 2 次草，用镰割草。

塔什库尔干塔吉克自治县成立以后，农业生产技术水平有了很大提高，深耕细作，勤浇水，锄草，增施肥料，改进了生产工具，使用机械化作业，兴建水利设施，扩大耕地灌溉面积，农业生产力水平有了很大提高。

三、传统手工业和工业

塔吉克工艺美术品美观大方，很有民族特色，充分显示了塔吉克人的聪明才智。塔吉克族妇女大都是编织、缝纫和刺绣的能手，所织鞍垫、马衣、毛袜、手套、腰带等物大多饰有图案，其中妇女们最为拿手的是织彩色花纹的毛线袜。鞍垫的制作亦精致，织有美丽的花纹，腰带和鞭带都由五色线织成，并附有花穗，补花（亦称对布花）也很普遍。妇女们用各色布块在枕头和后围裙等物上拼出各种几何图案，颜色鲜艳，花纹对称协调，十分美观。青年妇女在结婚或节日时用丝线夹于辫梢，显得格外雍容华贵。塔吉克族妇女最出色的手艺是刺绣，男帽、女帽、衣领、襟边和荷包等物品上，大都饰有刺绣花纹。刺绣都用丝线，以红、黄、绿、紫等色为多，图案由妇女们自行创作。由于信仰伊斯兰教的原因，所绣图案中没有人物、动物形象，主要绣花卉和几何图案，长仅十几厘米的帽边，往往要绣上十多天，每条都绣得五彩缤纷。

此外，牧民制作的鞍、鞭等马具亦很讲究，大多饰有图案，有的还用白银、铜丝镶嵌。

塔吉克姑娘的头饰 （宋士敬摄）

雕刻不多，一般除在兵器上加刻若干花纹外，有的麻扎的拱拜等建筑物上亦有精美的浮雕等装饰。塔吉克民间绘画除妇女们刺绣时作的底图以外，就是一些陵墓和拱拜墙壁上绘制的一些图画，主要为马、黄羊、猎犬、猎枪、羊、牛、器皿、花草、衣物、野羊角等形象，显然，这与接受伊斯兰教之前的塔吉克族传统文化有关。

50 年以来，塔吉克族手工业发展很快，他们开始有自己的铁匠、木匠、泥水匠、榨油匠、皮毛匠、靴匠、裁缝及织绸、织毯、擀毡、织麻袋、织马褡裢的各种手工业者。现在一些农田较多的乡建立了粮食加工厂，并使用了电磨，部分乡有了铁木加工厂，小型制毡、制毯厂和缝纫厂等。有些乡镇企业开采矿石、玉石、水晶和沙金等矿藏。当地 1992 年出产的帕米尔矿泉水，当年销售 50 吨，创造利润 10 万元。帕米尔矿泉水在 1992 年全国“星火计划成果暨专利技术乌鲁木齐展谈会”上获银质奖，同年获喀什地区第四届新技术、新产品金奖。

四、商业贸易发展前景广阔

长期以来，塔吉克族牧民和农民主要从事自给自足的自然经济。

商品交换虽早已在塔吉克牧区有所发展，但是自给自足的自然经济始终占据统治地位。中等以上的牧户每年大概要出售所有牲畜的10％～15％来换取衣物、日用品和部分口粮。由于生产不发达、地广人稀和交通不便，整个牧区没有大的商店、集市和专业手工业者。出售畜产品和购买生活用品非常困难，大部分工农业产品依靠外地的商贩，牧民出售牲畜和畜产品也主要由他们收购。只有少数牧主赶羊出山，到喀什等地交换生活用品，当地普遍实行物物交换，较大的交易都是用羊只计价；买卖牲畜并不过秤，只按口齿与膘肥程度分类定价。过去，一件土布长袷袢（外套）要值一只绵羊，一张羊皮换不上一两茶叶，羊毛几乎没有收购，只能用来向小商贩换一点杏干或颜料。

塔什库尔塔吉克自治县成立以来，商业有了很大的发展，特别是改革开放以来，塔什库尔干地区的边境贸易迅速发展。

塔什库尔干塔吉克自治县距塔吉克斯坦共和国首都杜尚别近千里，距巴基斯坦口岸苏斯特只有 200 公里，距巴基斯坦首都伊斯兰堡也只有1000公里，距阿富汗首都喀布尔 1000 公里，独特的地理位置和地缘优势，给自治县边境贸易的发展创造了契机，展示了广阔的发展前景。自古以来，塔什库尔干塔吉克人就通过红其拉甫山口与巴基斯坦进行着边境小额的易货贸易。红其拉甫口岸早在历史上就有所记载，古丝绸之路途经葱岭的路线有两条，其中之一是经红其拉甫到达克什米尔，是通往印度的主要路线。1963 年 3 月 2 日，中巴两国政府签订了边境协定，立了界标。1978 年 6 月，喀喇昆仑山公路全线竣工，成为中巴两国间的主要通道。由此，红其拉甫山口正式对两国公民开放，双方各自设立了边境口岸机构。1967 年，中国新疆与巴基斯坦进行了第一

次贸易，之后，官方贸易陆续开展。红其拉甫口岸属季节性口岸，每年5月1日～10月30日为开放期，同时设立了海关进出口交接站和进出口办事处等外贸机构。1982年，红其拉甫口岸开放，每年有极少量的贸易交往和二三百名游客及朝觐人员过往。1986年5月1日，红其拉甫口岸正式开放，每年都有50多个国家和地区的中外商贾、游客、登山队员等从红其拉甫口岸出入。塔什库尔干塔吉克自治县于1989年11月首次与巴基斯坦进行了现汇贸易，出口活畜（牦牛、山羊）1500头（只），贸易额达12万美元。中国塔吉克斯坦卡拉苏口岸已于2004年正式开放，这是自治县境内的第二个对外开放的口岸，现在，全县形成了靠口岸、搞边贸、促发展的格局。

边境贸易带动了自治县个体、私营经济的发展，祖辈视经商为耻辱的塔吉克人摆脱了传统观念的束缚，逐步下马背，走出毡房，投身于商品经济、市场经济大潮。近几年来，全县有201户个体工商户活跃在塔什库尔干城乡，从业人员325人，营业额达172.8万元，其中塔吉克族65户，占总户数的32%。

第二节　帕米尔的神奇造就了帕米尔的憨厚与豪放

一、古老葱岭的今日变化

改革开放以来，塔吉克族的故乡——塔什库尔干发生了翻天覆地的变化。

1999年5月，自治区召开了第31次主席办公会议，专题研究了塔什库尔干塔吉克的扶贫问题。会议决定要从政策、资金、物质和社会动员帮扶等方面加大对塔什库尔干的扶贫力度。

基础设施建设取得可喜成绩。

水力发电站建成发电。2000年以来，在自治区、喀什地区的大力支持下，自治县积极进行基础设施建设，取得了可喜的成绩。投资4000万元的3×1250千瓦的水力发电站建成发电，从而结束了过去点油灯、点蜡烛，县城晚上一片漆黑的历史，彻底甩掉了“无电县”的帽子。

开通通信业务。2000年，投资200万元，建起了两座高65米的铁塔，移动公司、联通公司相继在塔什库尔干开通了移动通信业务，程控电话交换机容量3000门，电话用户达2100户，告别了使用了40余年的手摇式电话。

自来水管网改造完成。兴建于20世纪70年代的自来水供水系统已不能满足城市居民生活的需要。由于供水不足，不少居民长期挑水、拉水。近几年来，该县自来水管网改造完成，并于2000年10月1日开闸供水，从此挑水、拉水的现象成为历史。

城区建设。近年来，该县解放思想、更新观念，将邻街地段统一规划拍卖，让有钱的企业、个体工商户建房发展服务行业。3年来，个体工商户共投资4000多万元，在县城主要街道两旁建起了两层以上的楼房。自治县在喀什尕勒路1300米长的街道两旁的绿化带内塑立的反映塔吉克民族风情白水泥雕塑16尊，成为县城一道亮丽的风景线。

2000年，塔什库尔干塔吉克自治县建起了一座融活动、展览、休闲、娱乐于一体的综合性文化中心和休闲广场。休闲广场中近2000平方米的绿化带已种上绿草，文化中心前的群雕和草坪中的动物雕塑已完成，灯光照明设施于2003年投入使用。广场中心的纪念碑高15米，碑顶端立着一只即将腾空而起的铜铸雄鹰，象征着塔吉克人民的生活在党的关心、支持、帮助下发生翻天覆地的变化和自治县各项事业即将腾飞。

道路、交通状况得到改善。塔莎（塔什库尔干至莎车）公路已修

复开通。2000 年，又进行了公路改线修复。同时，还为地处昆仑山深处叶尔羌河上游的大同乡专门架设 3 座玻璃钢斜拉索桥。314 国道干线中巴友谊公路正在全面拓宽改造。

在塔什库尔干境内的下班迪水库枢纽工程是“十五”期间国家重点工程，它集发电、防洪、旅游、灌溉于一体。它的建成将为塔什库尔干高原水产养殖、环境绿化创造良好的条件，从而促进塔什库尔干生态环境的改变。同时，它的建成将为帕米尔高原开辟出了一个独具特色的旅游景点。它的兴建，充分开发利用了塔什库尔干塔吉克自治县水资源，为增加农牧民收入提供了机会。

塔什库尔干塔吉克自治县铜铸雄鹰　（海风摄）

二、畜牧业的发展

在畜牧业发展方面：一是按照“133”工程的要求，坚持以草料基地建设和牧民定居为重点发展方向，实现乡乡有草料基地，村村有草料库，户户有草料室，牧民定居按照国家、集体、个人共同投资的原则，同草场建设配套进行，每年完成牧民定居及移民定居500户，5年完成2500户，基本实现牧民定居。二是全面实行品种改良，着力做好胚胎移植工作，增加科技含量，继续引进西门塔尔牛等优良品种。积极开展了牦牛与黄牛杂交、冷配、改良及敦巴什大尾羊的选优工作。每年改良3万头（只），真正把塔什库尔干建设成为喀什地区乃至全疆的优质种牛、种羊基地。三是努力改善畜群结构，加速畜群周转，以草定畜，处理好冬夏草场矛盾，加速牲畜出栏，提高商品率，逐步实现从数量型向效益型、从粗放型向集约经营型转变。四是完善承包责任制，依法兴牧。五是迅速建立健全生产、销售一条龙服务体系，使畜牧业走向良性发展之路。

三、移民搬迁异地安置

移民搬迁、异地开发是自治县农牧民彻底摆脱贫困，实现稳定、持续发展的根本出路。塔什库尔干属高寒干旱山区，自然条件恶劣，部分特困户也需要搬迁。塔什库尔干的移民搬迁异地安置问题摆到了自治区、地区及自治县的重要议事日程上。通过上级领导的多方协调选址，最后确定由麦盖提、岳普湖、巴楚三县共同调剂，在岳普湖境内划拨5万亩地组建塔什库尔干塔吉克阿巴提镇。通过3年的建设，目前塔吉克阿巴提镇已移民259户1521人。在5年内将开荒地4.5万亩，营造防护林4500亩、经济林5000亩、薪炭林4000亩，粮食总产达到500万公斤，牲畜存栏5万～10万头（只），塔吉克阿巴提镇最终达到移民2000户、10 000人的规模。交通、水、电形成网络，学校、卫生院、商场、市场、广播电视等设施齐全。

四、大兴教育的喜人局面

塔什库尔干塔吉克自治县制定出了“教育为本、科技兴县”的远期发展战略，从政策上，人、财、物上向教育倾斜，形成全县大兴教育的局面。2000年，在国家和自治区的帮助下，该县利用扶贫资金1700万元，建立了塔什库尔干塔吉克自治县唯一的一所中学，在校学生2200人，其中塔吉克族学生占73.5％，该校实行民汉合校、推行汉语教学的办学模式。2002年，有79名应届高中毕业生参加全国普通高考统一考试，有18人达到录取分数线，其中5人上本科线、13人上专科线。目前，全县共有中小学16所，在校生7109人。小学适龄儿童入学率为97.5％，巩固率为95.7％。

五、投资力度明显加大，农牧基础设施建设进程加快

全县农牧基础设施建设进程加快，投资力度明显加大，累计投资1.19亿元，比“八五”期间增加9942万元。争取到“以工代赈”资金4160万元，建设项目53个；争取财政扶贫资金4149万元，建设项目78个。

几年来，自治县坚持开发式扶贫方针：“突出重点，紧缩战线，分类指导，进村入户。”以重点乡村为主战场，大力实施“万人扶贫”工程，帮扶到村到户，采取有力措施，帮助低收入贫困户发展生产，增加收入。加强对扶贫资金的管理，实行层层包干扶贫责任制。

在塔什库尔干境内的下班迪水库枢纽工程是“十五”期间国家重点工程，它集发电、防洪、旅游、灌溉于一体。它的建成将为塔什库尔干高原水产养殖、环境绿化创造良好的条件，从而促进塔什库尔干生态环境的改变。同时，它的建成将为帕米尔高原开辟出一个独具特色的旅游景点。它的兴建，充分开发利用了塔什库尔干塔吉克自治县

水资源，为增加农牧民收入提供机会。

香港特区 A－MAX（2000）有限责任公司与塔什库尔干塔吉克自治县人民政府正式签约成立“帕米尔天泉有限责任公司”。

1300 多年前，唐代高僧玄奘路经帕米尔时，在其所著《大唐西域记》中记述这里是“冬夏积雪，风寒飘劲，畴垄舄卤，稼穑不滋”的荒凉地方。今天，在塔什库尔干欢乐的冰川草原上，倒映着雪山云天的高山平湖畔，到处散布着塔吉克族牧民洁白的毡房，白云朵朵似的羊群滚滚涌动，骏马、牦牛欢跃奔驰，到处呈现一片繁荣兴盛的景象。

参考文献

1. 肖之兴著．塔吉克族简史．新疆人民出版社，1982

2. 塔吉克族社会历史情况调查．新疆人民出版社，1984

3. 马达力汗·包仑，热合曼库力等著．塔什库尔干塔吉克自治县概况．新疆人民出版社，1984

4. 西仁·库尔班，马达力汗·包仑，段石羽著．中国塔吉克．新疆大学出版社，1994

5. 西仁·库尔班，伊明江·木拉提著．塔吉克族民俗文化．新疆大学出版社，2001

6. 西仁·库尔班，马达力汗·包仑，米尔扎依·杜斯买买提著．中国塔吉克史料汇编．新疆大学出版社，2003

7. 井亚，马达力汗·包仑翻译，吕静涛编著．塔吉克族民歌选．新疆人民出版社，1999

8. 吕静涛编著．鹰笛——中国白种人的故事．喀什维吾尔文出版社，2002

9. 西仁·库尔班著．塔吉克族文化研究（论文集）．新疆人民出版社，1992

10. 西仁·库尔班著．塔吉克斯坦概况．新疆青少年出版社，2002

11. 塔什库尔干文史资料（1）（2）（3）（4）．塔什库尔干塔吉克

自治县政协 2000 年，2001 年和 2004

12. 塔吉克族民间文学．喀什维吾尔出版社，1984

13. 司马义·艾则孜编．冰山恋．喀什维吾尔出版社，1992

14. 扎米尔·赛都拉扎达著．新疆塔吉克文学作家．新疆人民出版社，1990

15. 西仁·库尔班，马达力汗著．中国塔吉克．新疆大学出版社，1994

16. 加富罗夫著，肖之兴译．中亚塔吉克史．中国社会科学出版社，1985

17. ［苏］维·维·巴尔托里德著．塔吉克史纲．引自《中亚研究资料专刊》，1985

18. 塔吉克文学史．塔吉克斯坦国家出版社，1954

19. 二十五史．上海古籍出版社，上海书店，1986

20. 杨建新主编．古西行记选注．宁夏人民出版社，1987

21. 洛阳伽蓝记．中华书局，1963

22. 玄奘，辩机原著，季羡林等校注．大唐西域记校注．中华书局，1985

23. 新唐书．中华书局，1975

24. 顾颉刚．山海经中的昆仑区．中国社会科学，1982（1）

25. 水经注校．上海人民出版社，1984

26. 樊福江摄影，西仁·库尔班文，王荣诗．云彩上的人家——塔吉克族风情．新疆人民出版社，2006

27. 王治来著．中亚史纲．湖南教育出版社，1986

28. 江应梁主编．中国民族史（上、中、下）．民族出版社，1990

29. 新疆通志·语言文字志．新疆人民出版社，2000

30. 中国少数民族文化大词典．民族出版社，1999

31. 塔什库尔干县吉日尕勒旧石器时代遗址考察．新疆文物，1985（7）

32. 帕米尔高原古墓．考古学报，1981（2）

33. 马曼丽主编．中亚研究．民族出版社，1995

34. 新疆百科全书．中国大百科全书出版社（北京），2002

35. 楼望皓著．中国新疆民俗．新疆美术摄影出版社，2003

36. 辞海．上海辞书出版社，1979

37. 吴福环，郭政礼主编．中国新疆与中亚问题研究论集．新疆大学出版社，2002

38. 陈世明、吴福环主编．二十四史两汉时期西域史料校注．新疆大学出版社，2003

39. 新疆民族语言分布状况与发展趋势（塔吉克语）．北京语言大学出版社，2002

40. 新疆年鉴 2003. 新疆年鉴社，2003

41. 费孝通题词，柯宗等著，吴泽霖等辑，吴泽霖译．帕米尔及其附近地区历史、地理、民族英文参考资料汇编——《穿越帕米尔高原》．民族出版社，2004

42. 希罗多德著，王以铸译．历史（上下册）．商务印书馆，1984

43. 马可·波罗游记．福建科学技术出版社，1982

44. 布尔努瓦著，耿升译．丝绸之路．山东画报出版社，2001

45. 阿里·玛扎海里著，耿升译．丝绸之路·中国——波斯文化交流史．中华书局，1996

46. 勒尼·格鲁塞著，魏英帮译．草原帝国．青海人民出版社，1996

47. 克林凯特著，忠崇民译．丝绸古道上的文化．新疆美术摄影出版社，1994

48. 维·维·巴尔的托里德著，耿世民译．中亚简史．新疆人民出版社，1980

49. 大谷光瑞等著，章莹译．丝路探险记．新疆人民出版社，1998

50. 扬哈斯本著，任宜勇译．帕米尔历险记．新疆人民出版社，2001

51. 斯坦因著，殷晴等译．沙埋和阗废墟记．新疆美术摄影出版社，1994

52. 羽田享著，耿世民译．西域文化史．新疆人民出版社，1981

53. 米儿咱·马黑麻·海答儿著，新疆社会科学院民族研究所译，王治来校注．中亚蒙兀史——拉失德史（第一、第二编）．新疆人民出版社，1985

54. 捷连季耶夫著，武汉大学外语系译．征服中亚史（第一卷）．商务印书馆，1980

55. 雷奈·格鲁塞著，常任侠、袁音译．近东与中东的文明．上海人民美术出版社，1981

56. ［伊朗］志费尼著，何高济译．世界征服者史．内蒙古人民出版社，1981

57. 斯坦因著，向达译．斯坦因西域考古记．中华书局，上海书店，1987

58. A. N. 丹尼，V. M，马松主编，芮传明译，余太山审订．中亚文明史（第一卷）．中国对外翻译出版公司、联合国教科文组织，2002

59. 雅诺什·哈尔马塔主编，B. N. 普里，G. F. 埃特马迪副主编，徐文堪，芮传明译，余太山审订．中亚文明史（第二卷）．中国对外翻译出版公司、联合国教科文组织，2002

60. T. H 帕哈力娜．色勒库尔塔吉克语．1966

61. ［伊朗］阿巴斯·艾克巴尔·奥希梯扬尼著，叶奕良译．伊朗

通史（上、下册）．经济日报出版社，1997

62. 马赫默德·喀什噶里著．突厥语大词典．新疆人民出版社，1983

63. 尤素甫·哈斯·哈吉甫著．福乐智慧．民族出版社，1984

64. 阿布来提等译．新疆2000年．新疆青少年出版社，1999

65. 扎日甫·杜拉提夫主编．新疆少数民族哲学思想史纲．新疆大学出版社，2002

66. 新疆地方历史资料选辑．人民出版社，1987

67. 林梅村著．西域文明．东方出版社，1995

68. 余太山主编．西域通史．中州古籍出版社，1996

69. 尚衍斌著．西域文化．辽宁教育出版社，1998

70. 苏北海著．西域历史地理．新疆大学出版社，2000

71. 耿世民著．新疆文史论集．中央民族大学出版社，2001

72. 毕亚丁，张郁君，柳用能编著．走遍新疆．新疆美术摄影出版社，1999

73. 周绍祖等编著．中国新疆名胜古迹．新疆青少年出版社，1996

74. 中国民族史研究（2）．中央民族学院出版社，1989

75. 中国少数民族文化史．辽宁人民出版社，1994

76. 田卫疆著．丝绸之路上的古代行旅．新疆青少年出版社，1993

77. 彭树智，黄杨文著．中东国家通史·阿富汗卷．商务印书馆，2000

78. 马应贤主编．新疆·地学·研究．新疆人民出版社，1995

79. 王沛主编．中亚四国概况．新疆人民出版社，1993

80. 周菁葆编译．秘境西域的探险家．新疆摄影艺术出版社，1988

81. 马大正，冯锡时主编．中亚五国史纲．新疆人民出版社，2000

82. 王炳华著．丝绸之路考古研究．新疆人民出版社，1993

83. ［伊朗］贾利尔·杜斯特哈赫选编，元文琪译．阿维斯塔．商务艺术馆，2005

84. 高尔锵编著．塔吉克语汉语词典．四川民族出版社，1996

85. 高尔锵编著．塔吉克语简志．民族出版社，2009

86. 管守新，梁俊燕，张文亚编著．喀什风物志．云南人民出版社，2001

87. 简明中外历史词典．湖北人民出版社，1981

88. 黄华均，白振声著．塔什库尔干塔吉克族现状与发展研究．中国社会科学出版社，2008

89. 周敏慧著编．旅游概论．中国纺织出版社，2009

90. 姚继德主编．中国伊朗学论集．宁夏人民出版社，2008

91. 塔什库尔干塔吉克自治县概况．民族出版社，2009

92. 杨建新著．中国西北少数民族史．民族出版社，2009

93.《塔吉克族简史》编写组，《塔吉克族简史》修订本编写组，西仁·库尔班，赵建国执笔．塔吉克族简史．民族出版社，2008

94. 西仁·库尔班，马达力汗·包仑著．鹰的传人．新疆美术摄影出版社，2004

95. 马林，孙丽坤编著．民族地区与旅游业发展论．民族出版社，2007

96. 张鸿年著．波斯文学史．昆仑出版社，2003

97. 王钟建主编．塔吉克族．新疆美术摄影出版社，新疆电子音像出版社，2010

98. 张鸿年等译．波斯经典库（共18卷）．湖南文艺出版社，2000～2002

99. 西仁·库尔班著．塔吉克族民俗文化．新疆美术摄影出版社，新疆电子音像出版社，2006

100. 邢秉顺著．伊朗文化．文化艺术出版社，2003

101. ［塔］埃莫马利·拉赫蒙著，李英男，刘铮等译．历史倒影中的塔吉克民族．2010

102. 定笃本著．中亚探险史．新疆人民出版社，2009

103. 卢一萍著．遥远喀什自由长旅．新疆人民出版社，2006

104. 新疆通志．第 27 卷《民族志》，新疆人民出版社，2009

105. 中国谚语集成（新疆卷）．中国 ISBN 中心，2009

106. 中国歌谣集成（新疆卷上．下册）．中国 ISBN 中心，2009

107. 中国民间故事集成（新疆卷上．下册）．中国 ISBN 中心，2008

108. 国家民委《民族问题五种丛书》编辑委员会，《中国少数民族》编写组，《中国少数民族》修订编辑委员会编．中国少数民族．民族出版社，2009

109. 塔什库尔干塔吉克自治县地方志编纂委员会编，姚开明主编．塔什库尔干塔吉克自治县志．新疆人民出版社，2009

110. 西仁·库尔班，马达力汗·包仑，阿提开姆·扎米尔著．塔吉克族文学史．新疆人民出版社，2005

111. 西仁·库尔班，扎米尔·赛都拉扎达，肉斯塔木·玛纳斯编．塔吉克族民间文学集．新疆大学出版社，2005

112. 西仁·库尔班，马达力汗·包仑，米扎依·杜斯买买提编．中国塔吉克史料汇编．新疆大学出版社，2009

113. ［伊朗］萨迪著，张鸿年译．蔷薇园．湖南文艺出版社，2000

后记

在中国人口出版社的具体指导和操作下，我们现在已经顺利完成《中国少数民族人口丛书·塔吉克族》一书的撰写工作。回过头看，说心里话，我们感到欣慰之极。虽说编著过程很辛苦，但是作为塔吉克族学者，为本民族事业的发展而兢兢业业，不懈努力，我们有义不容辞的责任。

塔吉克族是我国56个民族中的较独特而有趣的民族之一。该民族在独特的文化生态（帕米尔高原生息环境）、种族（中国的欧罗巴人种）、语言系属（印欧语系伊朗语族）、信仰的宗教派别（伊斯兰教什叶派伊斯玛仪支派）、周边环境（塔吉克族聚居的塔什库尔干县是个边境，并与塔吉克斯坦、阿富汗、巴基斯坦为邻，边境线长达888.5公里，是我国内陆与多国相邻的唯一的塔吉克自治县）和战略地位（塔什库尔干地区曾经是东西方文化之间的古丝绸之路的一个重要通道，现已成为我国对中亚、西亚和南亚地区出口的重要口岸之一）等方面具有的鲜明特色。其独特的地理环境和文化生态环境以及其他的人文环境，形成塔吉克民族的独特文化。

在本书中，如何论述和阐明富有魅力和极具特色的中国塔吉克族文化呢？我们思考了很久，最终下决心：以邓小平理论、“三个代表”

重要思想和科学发展观为指导，以民族学、文化生态学、历史学等诸学科的基本理论为依据，以实地调查法、文献研究法、跨文化的比较法、统计分析法、共时和历时研究法、宏观把握与微观研究法相结合的研究方法，以现有的考古资料、文献史料、前人的研究成果和民间文化材料为基础，从一个新的角度对中国的白种人——塔吉克族的文化进行全面的论述。

在这部书中，根据《中国少数民族人口丛书》的策划方案和编写大纲的总体要求以及内容框架，我们尽可能全面而客观地介绍和论述了中国塔吉克文化各方面的情况。其中，包括文化生态、民族生息环境与人文环境、历史沿革、语言文字、文学艺术、宗教信仰、生产生活习俗、地方特产、历史遗迹、民间教育、民间医疗技艺、民间体育和游戏、婚丧习俗、传统节日、家庭和社会礼仪、重要文献、民族历史大事记和参考书目等内容。

为了使本卷书更具有科学性和客观性，我们翻阅了大量的国内外古史典籍和有关文献资料，利用了考古的新发现及前人的研究成果和塔吉克民间文化资料。书中所使用的有关民族风俗习惯、伦理道德、宗教信仰和民间文学艺术方面的材料，大部分都是我们长期以来亲自搜集、整理和研究的，这就保证了本书所使用资料的可靠性。在介绍一些历史事件和历史文化人物时，我们依照历史唯物主义的观点，从当时的社会角度出发，客观地给予评价，尽量避免夸张和失实。

对一些有争议的和尚未进行科学论证的问题，我们采取了实事求是、存而不诠的保留态度。为了使这部全面介绍塔吉克族文化的专著通俗易懂，我们采用了平铺直叙、直截了当的表达方式。

我们认为，该书的资料很丰富，有利于加强民族团结，维护祖国统一和社会稳定，在当前国际国内的大背景下，该书的出版，有重要的政治、社会、历史、文化意义。同时该书学术性、资料性、应用性兼顾，很有参考价值。

考虑到塔什库尔干塔吉克自治县今后的发展，此书在撰写过程中尽量增加了经济方面的内容，这主要体现在介绍塔什库尔干塔吉克自治县丰富的资源、旅游景点、名胜古迹及民族风情，希望以此来吸引国内外旅游者和投资者。我们认为这种出发点是必要的，因为经济发展也是一种文化，而且是非常重要的一种文化。经济和文化之间存在着辩证关系。经济是文化的前提，没有经济这个物质基础，文化从何而来，何去何从？文化是经济发展的结果，物质决定意识的道理亦在于此。

勇敢、勤劳和憨厚的塔吉克族是中华民族大家庭 56 个成员之一，也是新疆 13 个世居民族之一，主要居住在“世界屋脊”帕米尔高原上的塔什库尔干塔吉克自治县，中国塔吉克族历史悠久、文化灿烂。塔吉克族人民具有保卫祖国、保卫家乡的光荣传统。在 19 世纪整整一个世纪里，他们为捍卫祖国西部的重要门户塔什库尔干，谱写了一首首可歌可泣的英雄诗篇。新中国成立以后，尤其是改革开放以来，在中国共产党的英明领导下，塔吉克族与其他各民族一起进入了团结、友爱、互助、合作、共同发展的新时代。展望未来，塔吉克族的明天更美好，摆在人们面前的是任重道远的蓝图。

在本书中的撰写过程中，我们得到塔什库尔干塔吉克自治县领导，新疆大学人文学院领导的热情帮助，如果没有这些领导的帮助、鼓励与支持，该书的问世是不可能的，故在此表达我们最诚恳的谢意。

本书的撰写工作分工如下：

本书的框架设计和撰写由新疆大学教授西仁·库尔班（塔吉克族，塔什库尔干人）完成。本书的打字、打印、排版等计算机操作是由塔什库尔干提孜那甫干部阿力木江·西仁和塔什库尔干塔吉克自治县法院干部哈菲孜江·西仁，新疆大学附中学生艾力江·西仁完成。在完

成这本书的过程中，得到伊斯尼克·买得孜木多方面支持和帮助。书中使用的图片由塔什库尔干塔吉克自治县文化局干部多力昆·米那瓦尔（塔吉克族）、塔什库尔干县提孜那甫乡小学教师阿马努拉·肉恰依克先生以及广州集成图像有限公司提供。

中国塔吉克族的历史文化是一个尚未进行系统研究的领域，有关资料不多，只有零星的几本书和论文，加之编写时间紧迫，编者水平有限，不足之处在所难免，我们在此敬请广大读者们批评指正，提出宝贵的意见。

西仁·库尔班

2013 年 3 月于乌鲁木齐